谨以此书献给

关注和支持湖南吉利教育的每一位热心人

幸福都是奋斗出来的

为建设世界汽车强国而努力奋斗

服务实体经济

服务两个"一百年"

奋斗·探索
——吉利高等教育在湖南

湘 潭 理 工 学 院 | 编著
湖南吉利汽车职业技术学院 |

主编：袁礼斌

编委（以姓氏笔画为序）：
付 炜 刘 玄 齐 礼 许 媚 陈华宏
陈 娜 林洋洋 赵俊锋 赵晶晶 康 剑
唐 湘 唐 振 傅 瑶

湖南师范大学出版社
·长沙·

图书在版编目（CIP）数据

奋斗·探索：吉利高等教育在湖南 / 湘潭理工学院,湖南吉利汽车职业技术学院编著.
-- 长沙：湖南师范大学出版社，2024.6. -- ISBN 978-7-5648-5463-8

Ⅰ．G719.286.43-63

中国国家版本馆CIP数据核字第2024RS6906号

FENDOU TANSUO

奋斗·探索

——吉利高等教育在湖南

湘潭理工学院　湖南吉利汽车职业技术学院　编著

出 版 人 | 吴真文
责任编辑 | 唐言晴　孙雪姣
责任校对 | 蔡　晨

出版发行 | 湖南师范大学出版社
　　　　　地址：长沙市岳麓山　邮编：410081
　　　　　电话：0731—88873071　88873070
　　　　　传真：0731—88872636
　　　　　网址：www.hunnu.edu.cn/press
经　　销 | 湖南省新华书店
印　　刷 | 长沙雅佳印刷有限公司
开　　本 | 170 mm×230 mm　　1/16
印　　张 | 11
字　　数 | 200千字

版　　次 | 2024年6月第1版
印　　次 | 2024年6月第1次印刷
书　　号 | ISBN 978-7-5648-5463-8

定　　价 | 69.00元

挫折和磨难是人生宝贵的财富[1]（序一）

李书福

各位老师，亲爱的同学们：

这次来湖南是参加甲醇汽车的一个技术评审活动。由于吉利在湘潭既有生产基地，又有学校，所以就把这个活动放在了湘潭。

今天回到学校非常高兴。听袁校长说，在座的各位有雷锋班，还有一些家庭相对比较困难的同学。我想跟大家一起交流一下，给大家一些启发，一些鼓励，我们也可以相互讨论，如果对同学们将来更好地学习、更好地成长、更好地开启未来的人生能够有所启发，我想我这40分钟就达到目的了。

湖南吉利汽车职业技术学院（以下简称"湖南吉利职院"）在全体师生的共同努力下，一点一点地成长发展起来了。吉利办这个学校，其实就是一个目标，就是把学生培养起来，成为对社会有贡献的有用的人，给同学们今后的成长发展提供学习的场所和条件，大家在离开这个学校之后能够远走高飞，大家能够实现自己心中的梦想。在湘潭市委、市政府，以及九华经开区的大力支持下，这个学校成立到现在，整体发展还是比较顺利的。刚才我来的时候看这个路修得不错。我这里来得不多，第一次到这里的时候还没有大路，只有一条乡间小道，汽车都很难开进来。现在这里周边环境确实不错，发生了质的变化，这也说明了市委、市政府非常重视基础设施和环境建设，高度重视教育，重视学校发展。

前不久，党的十九大召开，我想你们都学习了党的十九大报告。这个报告非常重要，它是指导中国今后五年、十年，甚至更长时间的一个纲领性文件，是一个指路明灯。报告里有一个非常重要的核心，就是重

---

[1] 2018年12月24日下午，吉利集团董事长李书福来到湖南吉利职院，看望慰问广大师生。本文为李书福董事长在师生见面会上的即兴讲话。

视实体经济，重视现代制造业，这是今后中国的强国之器、立国之本。一个国家要想可持续发展，实体经济是根基。如果脱离了实业，脱离了制造业，去做其他东西的话，就是无米之炊。所以现在国家一而再再而三，从党中央、国务院到全国各地，都很重视实体经济。现在全国上下都在学习贯彻十九大精神，一个非常重要的内容就是如何使中国的实体经济，特别是中国的现代制造业，从根本上形成全球竞争力。

我们办这个学校的目标，就是要把同学们培养成服务实体经济的高水平人才，成为现代制造业领域很有竞争力的人才。

汽车是现代制造业中非常典型、非常有代表性的一个行业。世界上任何一个强国，基本上都离不开汽车产业。从美国，到日本、德国、法国，包括我们周边的韩国，他们经济比较繁荣，他们的汽车都是非常重要的战略性产业。汽车产业有一个重要特点，就是它的上下游产业链很长，涉及设计、采购、制造、销售、售后服务，还有物流、金融等。就整个链条而言，据专家估算，基本上是 1∶9 的关系，就是汽车公司销售 1 个亿的汽车，它所产生的上下游产业链是 9 个亿。这是汽车行业的特点。

同时，汽车又是一个技术的载体：创新的载体。全世界各种新技术、新创造、新发明都会在汽车上应用。无论是机械、通信、电子、语音、网络技术，还是橡胶、塑料、纺织、石油、化工、金属等，各种行业都会汇聚在汽车领域。现在汽车已经成为每个人每天都要打交道的一个产品，以后，它将会变成一个移动终端，一个信息载体，所以现在大家都在投资汽车，汽车行业的竞争越来越激烈了。汽车公司非常重要的任务，就是在全世界寻找各类新技术，把它们整合到汽车上来，给顾客提供新价值、新体验。最近我国汽车行业非常热闹，电动汽车、混动汽车，飞行汽车，各种各样的创造发明，都在围绕汽车展开。所以各位同学非常有前途，能够在这个学校里面学习汽车相关的知识，未来在汽车这个领域里一定能有所作为。

今天有雷锋班的同学，也有一些家庭比较困难的同学。我觉得你们的前途更加无限。我的体会是，一个家庭，如果太富有了，孩子要想有前途，其实是非常非常难的。就拿我自己来讲，原来我们家里是很贫穷的，你们现在虽然说有些家庭比较困难，但你今天的这个困难和我四五十年前的困难，完全是两回事情。我们以前哪有衣服不打补丁的，都是这里补一下那里补一下，裤子、鞋子也一样，鞋子穿两年三年的，都是一个洞一个洞的，有时鞋底都找不到了。中国那个时候基本上都是这样，尤其我们从农村出来的，家里兄弟姐妹也多，父母亲都是种地的。正是这样，才磨炼了我们，才激励我们不断地去攀登，不断地去学习，不断地去努力，不怕失败。每天就是想着怎么去奋斗，怎么去发展，所以一点一点努力到今天，才成就了今天的吉利。吉利就是这么来的，是奋斗过来的。

　　家庭困难并不可怕，从另一个角度讲，这是一笔巨大的财富。因为在你们身上蕴藏着一种力量，这种力量是什么？受压抑的，或者说是受打击的反弹力量。这种反作用力一旦迸发出来，就会变成动力，去追求美好的未来，去创造属于自己的天地。在你的身体里有一种能量，这一点你们自己可能感受不到，外人是能感受到的。这是我的体会。全中国、全世界有很多富人，他们的孩子很多都不知道什么叫真正的艰辛，不知道这个世界有多么艰难，不知道今天得到的东西有多么不易，他们只知道这些都挺好，都是属于他的，导致他们的奋斗精神不足。

　　吉利一直重视社会责任，重视教育扶贫，所以我们一定要把这些贫困同学培养出来，一定要让这些前途无量的同学一个一个从这个学校走出去。毕业后，一开始你可能在车间工作，不要紧。干活要有身体，所以要加强锻炼。听说你们前几天拉练拉了几十公里，早上六点出去了，下午四五点回来，学校把拉练做成了一个常规化的锻炼项目，这个非常好。这就是锻炼自己、磨炼自己。人的成功必须靠锻炼、磨炼这些无形的东西，要不断地寻求突破，不断地自我超越，不断地去追求属于自己的未来，只有这样，梦想才能变成现实。任何梦想，要变成现实都不是那么容易的，都是非常艰难的，家庭比较困难的人，更能不断地寻求突破，更有意志力。从这个意义上讲，挫折和磨难其实是一种财富，这种财富用钱是买不来的。它是与生俱存的，伴随你一生的。所以你们要把这些财富把握好，再通过自己努力地学习，刻苦地训练，通过工厂最基层的磨炼，一点一点地成长。未来就一定是属于你的。

　　其实，这个世界是属于大家的，吉利也是属于大家的。现在我们这一代人差不多了。吉利未来靠谁，就是靠大家，靠你们。大家在一起，你追我赶，相互学习，相互鼓励。吉利倡导理论联系实际、产教协同的学习方式，最好是边工作，边学习。比方说，初中毕业到这里学技师技工，从十五岁到十八岁可以边工作边学习，学到专科本科毕业，继续工作，然后再读硕士、博士都行。现在我们一般都是从幼儿园一直读到博士毕业，导致理论和实际脱节，这些人往往很难适应社会的竞争。我建议你们，一定要重视学习方式变革，理论联系实际，多参与实践，多了解社会。要想走上社会后有真正的竞争力，能够战胜各种挑战，取得成功，就需要实践，在实践当中磨炼，在实践当中学习，在实践当中总结，在实践当中提高，一定是这样的。所以按我的想法，一般说来，中职毕业或高中毕业，应该先去工作，工作一段时间再去学习，学习一段时间再去工作，这样来回反复，才能够真正把理论和实践结合起来，通过提炼、思考，把实践变成理论，然后反过来应用和指导自己的实践。人的成长都是螺旋式的。所以各位同学，你们其实是非常有未来，非常有前途的，你们决定了今后吉利的未来、中国的未来，以及你们自己的未来，这个命运你们自己一定要把握好。

　　当然，同学们可能在想，我现在眼前就有很多的难题。比如说，没钱，哪来的幸福？你这种思考也是对的。也正因为这些现实,才逼迫着你寻求突破,逼迫着你自我超越,逼迫着你好好学习、艰苦奋斗。当然家里确实有困难,需要帮助的同学,你们可以提出来,作为学校来讲,有专门的资助中心,可以给予支持,吉利集团也有专门的精准扶贫计划和助学计划。比如你说钱不够用了,差多少生活费用,可以申请,我们可以给予资助。吉利高度重视精准扶贫,专门有一个队伍在全国寻找需要帮扶的贫困学子,我们自己学校里的学生就更应该要扶持。帮助确实有困难的学生,我想是应该的,既是企业的社会责任,也体现出党和国家对困难群众的一种关怀,我们企业更要做好这件事。这体现了社会主义的优越性,体现了社会主义大家庭的温暖。我代表袁校长在这里给大家表个态,有困难,找学校。

再比如,从学校来看,办学条件很重要。职业教育,首先是实训条件很重要,看看学校到底还差什么,要武装起来,实训条件要提升,还有学校的师资力量要加强,我想这些都是非常重要的。还有就是要尽最大可能为同学们提供实习的条件。吉利非常重视产教协同,这是职业教育的关键和核心,好在我们的工厂就在学校旁边,老师和同学们可以经常去企业交流,理论联系实际,这也是我们最大的优势。最近学校还在规划建设实习工厂,如果还不够,你们可以去吉利在全国的其他基地,那里有很多这样的岗位需求。目前吉利在全球有七万多员工,以后可能要增加到二三十万人,因为现在整个集团一年生产近两百万辆汽车(包括沃尔沃),接下去可能要做到五六百万辆,要翻两三倍上来,所以对技术人才的需求还是很大的,因此实习条件是可以得到满足的。集团的人力资源部门也非常重视学生的实习,尤其是集团内部的院校培养出来的人才,首先要提供实习的条件。

综合起来,其实大家面临最多的难题就是这些,我们共同努力加以解决。第一,你们经济有困难,可以打报告给袁校长,申请资助;第二,不断改善实训条件;第三,加强师资力量;第四,提供充足的实习机会。学校和集团能做的就是这些,剩下来的都是同学们自己的事情。如果这些问题都得到解决了,学校也努力了,集团也努力了,而同学们自己不努力的话,那就没有办法了。

这个世界是充满竞争的,也是残酷无情的。大家要明白,虽然说我们有党的阳光雨露,社会主义大家庭都相互关怀,相互支持着,但毕竟现在是社会主义市场经济时代。市场经济最大的特点是什么?就是竞争。这就像赛马一样,赛马场是有规则的,市场经济也是有规则的、讲法治的,大家都要在依法合规的前提下展开竞争。所以同学们,从现在开始,你们慢慢地就进入了这样的一场竞赛当中。这场竞赛不同情眼泪,它也不同情弱者,你说"我很弱,我就是不懂,啥也不懂",没用,人家也不会同情你,必须靠你自己。成功失败主要是靠自己,靠谁都靠不住。一个人的成长,在家里有父母,在学校里面有老师,可是当你离开父母、离开学校的时候，唯一能依靠的就是自己。虽然到一个企业里边有工友、有朋友、有领导，还有这个社会方方面面的关心支持，但是这些都是平等的，从根本上讲还是靠自己。

所以我希望同学们要珍惜机会，要非常珍惜。我们在学校里学习、生活、锻炼、实习，都是很好的机会。青春短暂，一去就不复返了。昨天就是昨天，你想找回来，没有了，今天等一下过去也就过去了，没有了。一辈子，你计算一下多少天？三万多天，你活一百岁也就是三万多天。你如果不在意，一天天就这么过去了。一定要珍惜每一天，一定要重视每一天，一定要用好每一天，千万不要让每一天轻松地过去。如果每一天都能够轻松地让它过去，那对于同学们来讲，就失去了这个宝贵的青春。所以，我建议大家一定要很严格地制订自己的读书计划、学习计划、实习计划、人生成长计划。从现在开始，大家要学习，要研究如何制订自己的成长计划。

我们做企业有一个叫商业计划，无论是搞什么，开个小卖店也是商业，开个水果摊也是个商业，干任何事情，跟商业有关的，都应该要有商业计划，要有想法，有方案，有计划。你们也一样，要有想法，你的未来是什么？怎么办？自己要想。这样，你在学习的时候，才会结合实际。如果你不想这些事情，学习就是学习，拿着一本书翻来翻去，这可不行。即使能倒背如流，我觉得也不一定能够指导你的工作和生活，倒背如流当然也很重要，书本上的东西非常重要，可是你不结合实际不行，必须结合实际。你毕业以后，干最基层、最简单的东西，没有关系，但是一定要干好。无论干什么工作，你都要想办法把它干好，想办法做得完善，做到自己最满意。对于你们来讲，学习也好，工作也好，实习也好，无论哪方面，都要把它看成一个作品，这是你自己的一个作品，一定要有自己的追求，一定要有自己的理想。

有些人被社会上的不良风气误导了，金钱至上，一天到晚都谈钱，这其实不是好事情。我觉得钱这个东西没有当然不行，太多了也坏事。人一定要有理想信念，有自己的爱好追求，不仅仅是钱，比钱更重要的东西还有很多很多。我不知道同学们怎么想的，你们假如能够明白我讲的这些道理，我相信你们的人生就成功一大步了，你们就会很从容，不用怕找不到工作，也不用怕念不好书，也不用怕未来是一场梦。你会很踏实地学习、实习，很从容地度过每一天，你每天都会有收获。伟大领袖毛主席就是湘潭人，毛主席当年就在韶山，他也没有多少钱，也没有想钱，但是他有理想，有信念，有追求。你看中国共产党多伟大，建党初期打天下的时候，有很多人也是有钱的，但他不要钱了，他为了理想去打天下。我觉得同学们要有这种胸怀，要有这种雄心壮志。这样，你在学校里学习一定会学得好，你工作一定能做好，你的前途一定非常广阔。如果你天天想着钱，"他今天赚了50块钱，我怎么才40块钱"，老是想这个事情，那不行。你越是不太想钱，钱往往就越是跑到你的身边；你越是不想当领导，只想着给大家服务好，你就越会成为一个领导。所以，人一定要有远大的理想，要有抱负。

我听说今年夏天在吉利集团举办的师生汽车技能大赛上，单项的冠军、前几名都是你们学校拿的。这说明大家平常是练真功、学真本领的。一个人的技能很关键，技能有了还怕没钱吗？所以必须磨炼自己，平常要认真学习，反复实习，反复锻炼，不怕失败，不怕吃亏，不怕艰苦，不怕反复，不怕丢面子。有时候不怕丢面子非常重要，有些人面子薄，骂一句话就不干了，稍微批评一下就哭了，那怎么办呢？所以不要怕丢面子，认准方向，坚定信念，努力达到自己的目标，一点一点地成功。每个人的成功都不是一帆风顺的，都不是哪一个人送给你的。别人送给你的成功，都是暂时的，最终都不会成功，今天成功了，明天还是要失败的，而且失败得可能会更惨。只有通过自己的努力，才能不断地走向成功。我想只要明白这个道理，同学们的未来就非常美好。

成功一定属于你们，也祝大家未来都成功。

谢谢大家！

扎实推进"三好教育"[1]（序二）

袁礼斌

　　"三好教育"是我院在教育教学实践中逐步形成的办学理念，其核心是把"德"放在首位，按照社会需要培养社会主义事业的合格建设者和可靠接班人。2016年12月7日—8日，中央召开全国高校思想政治工作会议，习近平总书记作了重要讲话，对高校培养什么样的人、如何培养人以及为谁培养人等重大战略问题指明了方向。我们的"三好教育"理念既符合中央精神，又契合企业需要，接下来，我们的任务就是要以习近平总书记重要讲话精神为指引，统一思想，扎实推进，全面探索"三好教育"的新模式和新方法，开创"三好教育"的新局面。这是学院的重点工作，也是未来学院一切工作的中心。

一、"三好教育"的意义

　　学院建校初期，首先要解决的问题是培养什么样的人。我们的定位很明确，就是面向汽车企业和行业，培养一线的技术骨干和业务骨干。但企业和行业对大学生有什么要求，有什么标准呢？我们走访了很多一线的汽车公司，召开了很多的一线人力资源管理干部和班组长的座谈会，了解生产一线对大学生的需求。总的情况是：企业对"德"的要求超过对"技"的要求，对公共道德和职业素养的要求，超过对职业技能的要求。有的厂长甚至提出，只要把学生的道德培养好，不迟到，不偷懒，工厂就满意了，技能的问题可以到工厂解决。根据这些意见，我们进行了很多探索，有失败的，有成功的。在这个过程中，逐步形成了现在的"三

---

[1] 本文是2017年8月袁礼斌院长在湖南醴陵暑期干部学习会上的讲话，根据录音整理。袁礼斌院长2012年起担任湖南吉利汽车职业技术学院院长，2019年起同时担任湘潭理工学院院长。

好教育"理念，即"好品格，好习惯，好技能"。因此，这是学院根据现代社会及职场的要求，针对学生特点而提出的培养目标，是德智体美劳全面发展的教育方针在学院工作的具体化，因而是学院一切工作，特别是教育教学改革之中心。

全院上下要正确认识这一目标的重大意义，要树立大局意识。学院每一个员工，不管在什么岗位，都是为"三好教育"服务的；学院所有部门，不管如何分工，都是紧紧围绕"三好教育"这个中心的。全院教职工要在思想上和行动上聚焦到"三好教育"上来，把培养学生，帮助他们成人成才作为第一要务，真正实现教书育人、管理育人和全员育人。

二、"好品格"的培养

养成一个良好的品格，对学生的未来成长和发展至关重要。一个爱党爱国、健康阳光、吃苦耐劳、关爱他人的学生，未来一定是幸福美好的。好品格既反映学生的心理和性格特征，更体现他的人生观、世界观和价值观。

什么是好的品格？内涵很丰富。传统文化、国学教育主要是解决这个问题的。我们要不断研究探索，在实践中不断丰富"好品格"的内涵。我们可以先提一些基本要求。例如，不说谎。说起来简单，做起来困难。现在这个社会有诚信危机，银行下很大力气去防黑客诈骗，家庭花钱装防盗网。遇到陌生人首先当敌人对待，严加防范。社会的诚信成本急剧上升。这个问题怎么解决，应急处理是可以治标，但核心的问题是教育问题。当年朱镕基总理给国家会计学院题写校训，他就题了四个字"不做假账"。我们能不能定个小目标，先解决说谎问题，诚信问题，让吉利的学生，现在和将来都做到不说谎。

再比如，三个"正确对待"。人生活在社会中，每天要面对三个方面，一是他人或社会；二是自己；三是金钱。人要正确对待社会，凡事积极阳光，从不牢骚埋怨；乐于关心他人，淡化自我得失。正确对待自己，要自信，不自负；要自立，不依赖；要自强，不自卑。正确对待金钱，不要把金钱作为人生目标，不为金钱而不择手段。这三个"正确对待"解决了，人也就幸福了，也就成功了。

如何培养"好品格"？结合学院的具体情况，关键是从具体细节入手，进行全方位探索。2017年，我们要努力做到以下几点：

1. 在实践中探索，在探索中前进

对"好品格"的理论讨论非常复杂，观点也有很多，不可能一下子有统一的思想。现在

国家提出了社会主义核心价值观，即富强、民主、文明、和谐、自由、平等、公正、法治、爱国、敬业、诚信、友善。这就是我们的行动纲领。我们不要空泛讨论，可以先找三五个抓手，确定具体目标，先做起来，边做边研究，逐步形成湖南吉利职院的特色与亮点。

2. 要把雷锋班作为"好品格"培养的重点，全面推进国学教育和社会主义核心价值观教育实践活动

经过三年的努力，雷锋班在校内外逐步为大家所接受。在拜金盛行、物欲横流的社会大环境下，这是很不容易的。这既是我们坚守、执着的结果，又从另一个侧面反映了社会正在变化，社会风气和正能量正在积累和沉淀。

下一步，雷锋班要从起步阶段逐步转入提升阶段。一是要加强雷锋班的思想建设，要让学生真正发自内心地喜欢雷锋，钦佩雷锋，学习雷锋。思想问题很重要，必须解决。我们学雷锋不是求形式，而是要让学生真正接受社会主义核心价值观，真正做到不图回报，无私奉献，为人民服务。雷锋班的学生服务可以不再加分，免得让他们为分数而服务。二是从今年下半年开始，逐步扩大雷锋班的规模，在新生中做好宣传发动工作。先鼓励他们进来，然后再严格标准，进行淘汰，一定要让他们觉得，能在雷锋班坚持下去是不容易的，是有收获的。三是要加强雷锋班的对外交流和宣传工作，在校内外创造一个良好的氛围，不断增强雷锋班的品牌影响力。

此外，基础部要统一做好政治理论课、国学教育、吉利幸福课、吉利大讲堂等改革创新工作，不断改善教学效果。

3. 加强幸福教育，推进"快乐学习"和"快乐校园"建设，提高学生自信心

我们的学生，大部分是高考的牺牲品。由于不擅长学习，他们在中学阶段承受了巨大的心理压力，甚至背负着较大的心灵创伤，普遍缺乏自信，缺乏幸福感。没有了自信，就失去了一切，内心就只剩下抱怨、胆怯和扭曲；有了自信，就变得阳光、坚毅和合作，就掌握了打开美好未来的金钥匙。因此，我们的首要任务，是帮助他们建立自信，让他们在校园找回幸福感。这要成为学院一切工作的出发点和归宿点。

（1）学生管理方面。一定要多表扬，多鼓励，少批评。即使是必不可少的批评，也要讲究场合和方法，不要再伤害学生的自尊。要想尽一切办法，通过各种类型的社团活动、社会实践等形式，把学生的爱好和特长放大，培养他们的兴趣爱好，提高学生的自信心。要创造条件，包括免费开放报告厅等，为学生提供才艺展示场所，让他们有自己的才艺展示空间。

（2）教学管理方面。全体教师要从教育大计出发，正确认识课堂教育和课程教育。要因材施教，要大胆改革教学内容，降低起点，创新方法，让学生学得开心，学得快乐。特别是基础课，要根据社会需要，调整教学标准。语文、数学等基础课，能切切实实地把初、高中知识学懂学透，熟练运用，就已经很不错了。关键在应用，不是考试。不要为课程标准所累，要让学生在快乐中感受学习的乐趣和读书的乐趣。这对我们所有教师来说，是一个挑战，但我们必须去改革。

（3）行政与后勤管理，要全面推进全员育人体系建设。每一个行政服务人员，要通过点点滴滴的工作，通过每一个细节去关爱学生，为学生提供优良服务，切实关心帮助学生。什么是优质服务？简单地说，把学生当成子女，对学生的服务水平和对子女一样，那就可以了。子女晚上不回家，你要关心吧；子女在路上，你担心吧。其实就这么简单。

三、"好习惯"的培养

习惯是思想素质的外在表现。思想问题解决了，习惯问题就解决了一半。因此，要把思想政治工作和好品格培养放在突出位置。但从另一方面看，仅仅有好品格又是不够的，还要重视习惯培养。"业精于勤，荒于嬉；行成于思，毁于随。"没有严谨、规范的习惯，没有自控力和定力，就没有职场的成功。2017 年，我们要从小事、身边事做起，推进好习惯的培养，重点解决以下问题：

1. 培养学生的自控力和定力

人无定力，一事无成。其实，很多时候人有善心，也想做事，但往往控制不住自己，经不住诱惑。在职场，离开执着、坚守，很难有发展空间。因此，要着力培养学生的自控力和定力。具体形式、方法，请大家想办法。美国斯坦福大学心理学家麦格尼格尔博士写了一本书，叫《自控力》，从心理学的角度，研究了怎么提高人的意志力、自控力的问题，很有参考价值。我们要组织专门团队认真学习，研究怎样提高学生的自控力问题。可以先从以下方面试验：

（1）全面推进书法课。可通过开办书法课，培养学生的定力和耐力，同时提高学生书写的规范性。可以结合考证，鼓励学生多学多考。

（2）学生处和团委可通过编织毛衣、围巾、手套及十字绣等丰富多彩的活动，培养学生的耐心。

2. 解决校园吸烟问题，打造无烟校园

（1）从老师抓起，同时建立吸烟排行榜，学生吸烟取消评优资格，经发现三次以上的学生不准毕业。

（2）严抓学生吸烟，与本班辅导员的绩效考核挂钩。情节严重的，奖励取消，津贴减半。

3. 解决上课玩手机问题

手机已成为一种"时尚病"，一种公害。要采取措施，严禁学生上课玩手机。管住手机，就是关心学生；管不住手机，就是纵容学生。要帮助学生渡过难关，形成良好习惯。一是，要加强学生的思想政治工作，和学生讲清手机危害；二是要制订相应的管理办法。实训中心要严禁学生带手机入场，不管是上课，还是下课，禁用手机。可以配置手机柜，具体办法请实训中心研究。课堂手机袋问题，实施效果不好，要想想办法。任课老师是第一责任人，要以身作则，做好引导和发挥模范作用。

4. 加强学风建设，引导学生养成读书、做笔记、做作业习惯等

针对目前学生急功近利，只重专业课、技能课，轻视理论课的问题，请教务处牵头，联合学生处和各系部，从教学改革和教学管理两个角度，商量有针对性的解决办法。从今年开始，实施课程考试不及格的学生实施留级和退学制度。

5. 改革学生考核办法

请教务处和学生处研究，是否可以把好习惯作为学生考核的重要内容，并计算学分。

四、"好技能"的培养

技能教育是职业教育的重要内容。这方面，学生、家长及社会有共识，其重要性不需强调。2017 年，学院将从以下方面着手，全面加强技能教育，提高学生的动手能力。

1. 改革教学模式

要改变传统的以教为主的教学模式，让学生带着问题进实训中心，鼓励学生勤于动手，理论联系实际。要开展考试改革试点，鼓励学生掌握技能即可以申请考试，每一个项目给予两次机会，项目测试合格可以自行安排学习。要采用积分制代替普通考试，积分情况可作为

评奖学金的依据。各系部要选择几门课程进行各种类型的试点，提高教学质量。

要大量增加比赛项目，试行"以赛促学"。基础部的语文、数学、计算机和英语，以及各系的技能课程要做到周周有考试，月月有比赛，对考试和比赛的结果要公示，对优秀的学生要张榜公布，给予奖励，在全校营造学习氛围。

2. 激发学生的学习兴趣

教学的主要难题是学习兴趣。可通过校园学生的卡丁车案例，激发学生的学习兴趣。可以鼓励学生创办洗车、汽车美容等项目，经费由学生自筹，教师对其项目进行监管与指导。如此既能激发学生兴趣，又为今后创业积累经验。同时，要加强对学生的创业指导，围绕"二网建设与管理项目"，研究落实大学生创业指导方案。

3. 加强校企合作

校企合作是我们的立校之本。离开校企合作，就没有我们的学院。经过多年的发展，我们的办学模式逐步成型。今年重点解决以下问题：

（1）要逐步解决规范的问题，对校企合作的每一个项目和业务，从业务类型、审批流程、进程时间、人员配备、合同文本等方面进行统一规范。公司和工厂派人来实训中心参观、指导，商谈合作项目，要办理相应的登记手续和工作记录。

（2）要在做好与吉利基地合作的基础上，拓宽合作范围，一要增加与吉利销售和服务公司的合作，二是增加吉利公司以外的合作基地。

（3）鼓励青年教师利用寒暑假到工厂车间上班，深入了解生产工艺流程，增加实际工作经验。

（4）做好精准生产道场的建设与业务培训工作。

4. 加强顶岗实习的管理

要严格按照教育部要求，既保护学生的正当权益，又增强实习效果。

5. 加强学生基本技能的培养

针对我院学生的特点，采取有效措施，提高学生的文字、沟通和管理等基本技能。今年重点解决以下问题：

（1）开办语文、数学、英语等课程补习班，可以采用循序渐进的学习方法,分四个阶段学习,逐步形成吉利模式、吉利特色。

（2）把市场营销、管理学等课程列入工程系和电子系学生的选修课，培养学生的管理能力。

五、教职工要做表率

学高为师，身正为范。现代教育已不同于传统的"师道尊严"式的教育，师生之间更多的是朋友式的沟通交流。因此，言传身教、以身作则在教育中越来越重要。

21世纪初，美国哈佛等大学的教学委员会对教师提出了一个新要求，就是每周必须和学生在食堂吃一次饭，理由就是拉近师生之间的距离，让师生关系从课堂走向社会，使教师在课堂之外通过言传身教影响学生。

再举一个例子。

2009年9月22日，香港大学授予82岁目不识丁的老太太袁苏妹"荣誉院士"称号。与她同台领奖的，有汇丰银行曾经的行政总裁柯清辉、香港富豪李兆基的长子李家杰等政商名流。因为老人没读过书，所以这场历年完全以英语进行的典礼，此刻因她而破天荒地使用了中文。香港大学称赞她为"以自己的生命影响大学堂仔的生命"的"香港大学之宝"。她被一代代学生亲切地称为"三嫂"。这位老人为学院作过什么特殊贡献吗？没有！她没做过什么惊天动地的伟业，只是四十四年如一日地为学生做饭、扫地，从29岁到73岁，她在香港大学的大学堂宿舍先后担任的仅是助理厨师和宿舍服务员等"低级"职务，可香港大学学生事务长周伟立却在赞辞中称她"对高等教育界作出独特的贡献，以自己的生命影响大学堂仔的生命"。直到今天，小女儿卫锦璧还记得妈妈"见学生比见家人的时间还多"。这位从没摸过教材的老人，更不会想到，自己会成为大学堂"迎新教材"的一部分。在名为"宿舍历史"的课程中，每年新生都要学习宿舍之歌："大学堂有三宝，旋转铜梯、四不像雕塑和三嫂。"2010年，中国人民解放军驻港部队80名驻军男女官兵在副司令员王郡里少将的带领下专门赴香港大学拜望了她。

我们推进"三好教育"，需要的就是这样的教师。在对学生全心全意的关爱中，让学生独立成长，养成好的品格、好的习惯，练就好的技能。

学院对教职工的要求其实很简单，那就是：要求学生做到的，教师首先要做到；要求教职工做到的，干部首先要做到。因此，干部要做践行"三好教育"的模范，首先要有好品格、好习惯，以及好的管理技能；教职工也一样，要有好品格、好习惯和好的工作技能。学院出台了对照检查40条，指定稻盛和夫的《活法》作为参考书，希望大家经常看、经常反省，这既有利于自己的成长，也有利于在学院营造良好的"三好教育"环境。

2017年，学院将加强对干部和教职工的考核。考核的内容主要是两个部分：一是底线要求，二是工作绩效。底线主要是严格执行规章制度、严谨自律，杜绝一切贪腐、欺骗、失职等行为；工作绩效主要看对"三好教育"的贡献，包括直接贡献和间接贡献，而不完全是干部员工完成的具体工作。

六、结束语

"三好教育"的目标，是让教育真正回归"原点"，让每个学生成为有灵魂的人才。从大的方面讲，这是贯彻落实习近平总书记重要讲话精神的要求，坚持把德育放在首位，践行社会主义核心价值观；从小的方面讲，这是我院按照社会需要深化教育教学改革的重大探索。这既是办学特色，更是发展基础。

开展"三好教育"，需要打破旧观念，改变旧方法。学院鼓励各系、各部门及全院教师解放思想，大胆创新，拿出更多更好的办法和举措，为"三好教育"添砖加瓦，多出优秀成果。

目 录

上编 奋斗

下编 探索

上编　奋斗

第一章　学校筹备

董事长来了

刘周洲

2011 年 1 月 4 日，作为株洲人的我，第一次踏上了湘潭九华这块陌生的土地。那时，学院办公地点还在吉利湘潭基地南门的二楼，小小的一层楼，仅仅 3 个办公室。

刚来报到的第一天，当时的同事李炜华告诉我，从现在的办公地到学院，坐小车大概要半小时，我可以在车上小眯一会，可我却怎么也睡不着，对于大学刚毕业参加工作的我，新鲜和好奇多过害怕。小车沿着弯弯曲曲的小道，颠簸着前行。我头靠着窗户，看着沿途的风景，一路思绪万千。小车载着我，最终来到一片黄土地。学院还在建设中，学院里包括校长也就不到 5 个人。

春节前几天，校长带着我们几个人去吃饭。坐在 4 人的方桌前，校长举起酒杯对我们说："今天是我们大家第一次在一起吃饭，虽然只有 4 个人，但是我相信以后会有更多人加入我们，学院会越来越大，祝大家新年快乐！"短短的几句话，却带着殷切的希望，校长厚重的声音里，也传递出最朴实的梦。袁校长还常常和我们提起李书福董事长，以及董事长的创业故事。他说，我们建校就像当时董事长想造车一样，尽管每一步都艰难，但是只要有梦想、有目标，朝着梦想不断奋斗，终有一天，能看到希望。

当时学院连一条像样的路都没有，更别说有公交车了，都是当地私人老板自营的中巴车，一天也就偶尔来回跑几趟；除了有个小食堂，学院外面没有饭店、商店，到了夜晚，连个人影都看不到。2011 年 6 月，学院通过了办学批准，正式名称是湖南吉利汽车职业技术学院，但已经赶不上当年的招生，当年是以湖南汽车工程师专修学院的名义办学。那时整个学院教职员工加起来不到 20 人，就是这样一个年轻的团队，被奋斗精神所鼓舞，尽管困难重重，尽管招来的 2011 级新生也就 120 多人，但每个人都信心满怀、干劲十足。

我们和这些学生同吃同住，培养了深厚的"革命"友谊，其实后来想想，这些孩子和我年龄也差不多，特别佩服他们的勇气。正是因为经历过这样艰难的学习和工作环境的磨炼，这些孩子具备了良好的品格，在之后的职业道路上越走越好，现在很多吉利集团下属企业甚至其他汽车相关企业的中高层中都有他们的身影。

随着工作的开展，我对学院和吉利集团的了解也逐渐加深，知道了李书福董事长的教育情怀。学院是吉利集团创办的，当时吉利在九华经开区已经是家喻户晓，因为湘潭汽车基地已经建厂了，而办学校的目的就是向湘潭汽车基地这样的吉利汽车企业输送专业技能人才。校长口中的办学梦，何尝不是吉利的建设世界汽车强国梦。

2012年9月3日，湖南吉利汽车职业技术学院正式开学，李书福董事长来了。当时学院的环境已经有所改善，但依然十分艰苦，特别是交通，十分不便，李书福董事长还是长途跋涉地来了。

董事长来给学生们上开学第一课，主题是"做人之道"。夏末秋初，天气依然炎热，但董事长笑容满面地走向讲台，从自身的经历讲起，不断地鼓励大家，激励大家，给所有人吃了一颗定心丸，董事长的讲课尽管时间不长，但是却干货满满。结束后，大家纷纷上前与他合影留念。

听了董事长讲述自己的亲身经历，我深刻感受到，真正想办成一件事情，除了要有满腔的热情，还要有永不服输的韧劲和坚持不懈的毅力。这种奋斗精神也一直鼓舞着我。回头看，轻舟已过万重山；向前看，长路漫漫亦灿灿。

现如今，袁校长讲的话都一一实现了，学院的员工也从当时的寥寥几人变成了现在的几百人，学院发展也越来越好。学院一路走来，离不开李书福董事长的关心和指导，后来，董事长又来过学院多次。

期待董事长再一次到学院来。

作者简介：刘周洲，2011年1月4日入职，曾担任学校招生办综合科科长、校办党务科科长。2022年8月入职湘潭理工学院，任党务科科长。

有黄土就有希望

石鑫

我是毕业了就来吉利工作的，没什么工作经验，当时职院还没有获批，还叫湖南汽车工程师专修学院。记得面试的时候，学院的办公地点还在吉利湘潭工厂对面的一栋楼上，袁校长亲自给我们面试的，一共就简单三个办公室，人也少，以至于我并没有意识到我们是要办一个高等专科学院，以为就是一个培训机构。

入职的时候是 2011 年 6 月，当时学院还没有建好。我第一次到学院，是跟着袁校长一起来的。这里离办公的地方比较远，而且有很长一段是没有硬化、弯弯曲曲的小路，一路颠簸着进来，很难不让人怀疑，这确定是去学院吗？好不容易到了地方，放眼看去都是"工地"的景象，实训楼刚挂上"封顶大吉"的条幅，路面、操场、宿舍等都还在建设当中……没有施工的地方，除了黄土还是黄土，学院周边的区域，除了山还是山。我们深深地怀疑，这能开学吗？这样一所山旮旯里的学院，会有学生愿意来读吗？

袁校长看出了我们的忐忑，信心满满地说了一句话，"有黄土就有希望"。他告诉我们，要脚踏实地，能够正视"黄土"，万丈高楼平地起，任何事业都会经历一个从无到有的过程，要做好艰苦创业的准备；要保持乐观，看得到"希望"，换个角度想，学院的状况只会越来越好，至少不会比现在更差；要目光长远，"从黄土里看到希望"，吉利在湖南办教育，瞄准的是百年大计，要有久久为功的毅力。我们一边走一边琢磨，渐渐明白了这七个字背后的含义，忐忑的心也慢慢平静下来。

当时正赶上招生的关键时期，负责招生工作的齐礼主任拿了很多学生名单及联系方式来，说先从电话沟通开始吧。经过简单的培训后，我们就开始打电话，从早上九点一直打到晚上十一点。因为没有地方住宿，每天工作完，齐老师还得把我们一一送回家。那段时间虽然辛苦，但大家每天在一起并肩奋战，也是其乐融融。

之后的一个多月，我们集中精力打电话进行招生宣传，也开始陆续接到学生和家长的咨询电话，更有一些学生预约到学院参观。我们热情接待每一位上门的家长和学生，并耐心地为他们讲解。每天忙忙碌碌，一个暑假很快就过去了。

2011年9月，我们终于迎来了第一届新生，是以湖南汽车工程师专修学院名义招生的，共120余人。在学院还未完全建成的时候，这120余人毅然选择来就读，用当时老师们的话来说，着实"勇气可嘉"，是"能够吃苦耐劳"的孩子。这样讲，是因为大家心里有七分自嘲、三分忐忑，担心学院硬件上的不足会影响学生们的上学状态。之后的运行中，学院确实状况频出，受工程建设影响，当时周边基础设施配备也不完善，经常断电、断水、断网。学生第一次经历这么"刺激"的大学生活，心理上的波动很大。

硬件不足，那就"软件"上多补偿。学院把这120余名学生当作宝贝一样看待，提供了无微不至的服务。一旦停水，老师们都会一起上阵，为学生提水送水；袁校长定了一条规矩，只要停电，当天师生吃饭就免费；我们所有老师都非常关心学生，经常与学生谈心谈话，帮助学生解决学习和生活上的困难，陪着他们共渡难关。我们始终秉持学院"一切为了学生"的宗旨，拧作一股绳，劲往一处使，不计得失。那时候虽然苦，但也很简单、很快乐。

现在想来，这批学生能够选择我们学院，其实真正的原因只有一个，想成长成才。近的来说，想学到真正的技术，远一点讲，希望能够进入吉利等汽车企业，获得一份较好的收入和事业上的发展，实现个人价值。正是应了校长的那句话，"有黄土就有希望"，学生和家长们眼光独到，看准了中国汽车产业的未来发展会越来越好。

之后，随着建设的加快推进，学院的硬件设施不断完善，学生学习和生活的环境也越来越好，周边的交通状况也大大改善。最重要的是，学院充分发挥企业办学优势，与吉利湘潭基地开展校企合作，瞄准社会需求，着重培养学生的实践技能，让学生能够真正学到技术，同时毕业后可以充分就业。学院的培养模式和毕业生质量，获得了家长和用人单位的一致认可，为学院赢得了口碑。

我在学院一直从事招生工作，直接面向高三班主任和毕业生，对学院口碑上的变化有直接的感受。第一次到高中去做招生宣传，老师们对学院都不了解，学生更是闻所未闻，之后，随着学院影响力的不断加强，以及招生宣传工作的推进，湖南吉利职院"让学生真正学技术，就业有保障"的形象逐渐深入人心。学院的办学规模持续扩大，在校生从最早的120余人增加到了现在的7000余人。

如今，学院里早已不是当年处处黄土的景象，取而代之的是校舍林立、道路井然、绿荫处处……当年的"希望"也已陆续成真,但校长这句话大家一直都没有忘记,在每个人心中,都还保留着一片"黄土",提醒自己要不忘来路、脚踏实地,向着更高更远的"希望"迈进。

作者简介:石鑫,2011年6月入职,先后担任招生办干事、综合科科长。

我们是"黄埔"一期生

朱苏俊　殷俊　段晓东

朱苏俊：编号0001的录取通知书

2011年5月的某个下午，和往常一样，我和殷俊下课后打完篮球，他准备回家，我准备去网吧玩游戏。路上，我们被班上另一名同学叫住了，他说，下星期去吃个饭，有个招生老师（后来知道是刘周洲刘姐）请客，跟大家介绍一下什么湖南汽车工程师专修学院[1]，吉利汽车集团办的。我和殷俊都没听说过，我那同学以前也没听说过。他说，这名招生老师上次来和他聊过，不妨了解一下。

那天去吃饭时，班上好几位同学都被叫上了。大家都在准备报名，想着多了解一些学校也好，至少还有免费的饭吃，也没有什么不乐意的。就这样，我们与刘姐见面了。饭桌上，刘姐向我们详细介绍了学院和吉利，我当时并没太在意，吃完饭后就去了网吧。来到网吧后，想着正好上网方便，我就在网上搜索了一下吉利汽车的资料，没想到的是，我越看越投入。吉利作为民营车企获得那么大的成就，给我留下了深刻的印象。后来，我还通过各种方式去了解吉利的相关信息，以至于进入学院读书时，李书福董事长的视频我几乎都已经看过了，对吉利的情况我比大多数同学要了解得多一些。这都是后话了。

当晚回家后，我就和家里人聊了下报名的事，我爸说让我自己考虑，要对自己负责；我姐是湖大毕业的，她说可以到学院好好学习，毕业时争取留校工作；我大姑父是老兵，他让我去当兵。我已经对自己以后的出路考虑了很长时间，之前确实有些犹豫不定，但自从了解了吉利，内心深处埋藏的汽车梦似乎一下子被激活了。

那个时候大家熟知的汽车大多是外国货，而吉利是中国第一家民营汽车公司，

---

[1] 2011年6月，湖南吉利汽车职业技术学院获批，但已过了当年的招生期。学院当时还挂牌有湖南汽车工程师专修学院，便以该学院名义招收了一部分培训生，这一批学生在2012年经过考试后，被湖南吉利职院正式录取。

当时刚收购了沃尔沃，即将扛起中国汽车走向世界的大旗，所以我下定决心，选择吉利集团创办的这所学院，选择汽车专业，去学造车。

我和殷俊商量好后，就找到刘姐报了名，后来的一切进展顺利，我们被学院正式录取。没想到的是，我拿到了学院编号为0001的录取通知书，成为学院第一名学生，殷俊是第二位被录取的学生，这也许就是命中注定吧。

毕业后，我实现了留校任教的梦想，教更多的学生学习汽车技术，为中国的汽车产业发展贡献着自己的一份力量。

殷俊：最美好的时光

我是学院的第一届学生，从2011年入校读书，到毕业后留校任教，至今已经十几年了，回首我们在学院做学生时的那段美好时光，不禁感慨良多。

开学第一天就是军训。我们的军训是在长沙军分区进行的，十多天的封闭式训练。我们的教官只比我们大一岁，是第一次当教官，经验不足，所以多次被总教官找去谈话，每次其他班都去吃饭了，我们班还得在操场上继续训练。教官是个责任心和荣誉感很强的人，看着自己和自己的团队落后了，有几次都流下了眼泪，让我们很受触动。我们看着心疼，就去安慰教官，训练得也更认真了。最后一天军训会演，我们班竟获得了第一名！这可能是我们给教官最好的回报了。那天晚上我们还跟教官们打了一场篮球赛，我们输了，但大家还是很开心。很感谢与他们的相遇，让我们学会了一些饭桌上的礼仪，懂得了尊敬师长，懂得了坚持就是胜利的道理。

军训结束返校后，学院安排我们到吉利湘潭基地见习。校长的想法是，先让大家去基地锻炼一个月，再回来读书，一是让大家熟悉吉利工厂的工作环境，增加对汽车行业发展和个人未来发展的信心；二是让学生通过见习，提前了解企业对工作人员在技能和素养上的真实需求，进而发现不足，之后的学习会更有针对性。这是学院在人才培养上的一个创新举措，但是由于大家都习惯了传统的上课读书的学习模式，很多同学一时接受不了，认为我们交了那么多学费，是来读书的，不是来打工的，情绪很大，不配合学院的安排，见习持续了十天就结束了。

再次回到学院，我们统一接受了一次学前教育，在导师的指导下，大家一起开展了一系列的活动，导师还跟我们分享了一些感人的小故事，很多同学都流下了眼泪。经过这次学前教育，大家的心靠得更近了，整个班级也更加团结了。

这就是我进入学院以后早期的一些经历，现在想来，都是我人生中最美好的时光。这段时光里，有过两句话，我一直没有忘记。

一句是我爸爸说的。入学前我特意到学校参观过一次，我爸陪我来的。望着校园里的大片黄土、一栋食堂、两栋宿舍、一栋实训楼，我忍不住抱怨："天呐，这是我理想中的大学吗？"爸爸对我说："这就是吃苦的地方，越艰苦的地方，你就越能好好学习，学习好技能，以后才能找到一份好的工作，这里挺好！"好吧，这是把我送到这里吃苦来了，用一句网络流行语来形容，我瞬间怀疑自己是不是亲生的。虽然有些不情愿，但我知道爸爸说的是对的。艰苦的环境更能塑造人，因为地方小、人数少，大家有了更多相识相熟的机会，很多同学之间，同学老师之间都处成了朋友；因为水电等基础设施还不完备，我们在生活中经常会遇到一些小问题，但大家一起想办法解决，学会了很多生活的小技能，也养成了乐观的心态；因为地方偏僻，出行不便，大家将更多的心思都放在了校内的学习和生活上，免去了很多外界的干扰……

还有一句话是校长说的。开学典礼上，袁校长告诉我们："你们是学校的第一届学生，谢谢你们在学校开创的时候选择了这里，你们就是学校的'黄埔一期生'。"这是个饱含深意的"称谓"，它意味着我们作为学院发展的亲历者和见证者，将与学院一同成长。同时也意味着我们本身就是学院发展的一部分，我们的成长就代表了学院的成长。

事实上也正是如此，很荣幸，能够与学院一起度过这十多年的美好时光。

段晓东：社团诞生记

2011年9月1日，怀着满满的憧憬，我踏入了湖南吉利职院的大门。当时学院还叫湖南汽车工程师专修学院，校门口还是一条满是泥泞的烂水泥路，校园内新建的教学楼、宿舍和食堂还处在收尾阶段……但相比于硬件设施的不足，学院的迎新安排还是非常细致周到的，老师们的服务也很热情，就这样，我的大学生活开始了。

我们是学院的第一批学生，只有一百多人，每天的活动轨迹基本上就是宿舍、食堂、教学楼三点一线，也没有什么文娱活动，学习和生活按部就班。当时我们宿舍几个人就想，要不要做点什么呢？思来想去，我和室友张骁尚一拍即合，成立社团吧，组织大家一起搞一些活动。

因为没有先例可循，一开始我们并不知道要准备什么，更别提组织同学们干些什么了，大家都有一些茫然，但这种茫然很快就消失了。大家发现，当别的学院学生都在想准备"加入"什么社团时，我们想的却是可以"成立"什么社团。这多酷啊！"不管做什么、怎么做，都将是开创性的，大家就是创始人，我们就是社团的元老！"我们就这样一边调侃着相互打气，一边讨论摸索可行的思路和方案。最后，我们决定，暂时先不搞兴趣爱好类的文体社团，而是从最容易上手也最好组织的志愿者服务社团开始。

学院非常支持我们的想法，鼓励我们放手去做，并指派了黄璐老师做我们的指导老师。之后的进展就非常顺利了，我们成立了筹备小组，制定了章程，建立了各项制度。几个月后，学院志愿者协会正式诞生了。

一开始加入协会的人不多，印象中主要是我们宿舍的 5 个同学，尽管如此，大家都积极行动了起来，先从小型的课外活动开始，为同学们提供服务。我们组织了校园清洁行动，组织同学们到响水乡敬老院开展慰问活动，联系了湘潭中心血库，组织了 40 多名同学到校外参加献血活动……一系列活动的成功开展，提升了学院志愿者协会的影响力，越来越多的人知道了我们的志愿者协会。

到了第二学期，志愿者协会注入了很多新鲜血液，成员达到了 40 多人。第二学年，随着新一届学生入校，校园里成立了七八个社团，我们又组织成立了社团联盟。随着各项社团活动的开展，我们的大学生活也越来越丰富多彩。

作者简介：朱苏俊、殷俊，2011 年 9 月进入湖南汽车工程师专修学院学习，2012 年 9 月通过考试后被湖南吉利职院正式录取，毕业后留校，先后在实训中心、汽车学院担任专任教师及兼职辅导员。段晓东，2011 级汽车检测与维修技术 2 班学生，在校期间先后担任学院志愿者协会会长、学生会外联部副部长。

第二章　建校之初

教书先生

赵俊铎

　　2011 年，我从广东回到湖南，开过煤矿、炒过股票、玩过基金，也在小区跟一群老头老太太混过日子，喝喝小酒，优哉游哉地一天天就过去了。一段时间之后，还是感觉不能这样，毕竟自己 50 岁不到，退休太早，人生还是需要再折腾一下。我之前是从高校出来的，对汽车售后这一块又非常了解，当看到学院的招聘信息时，觉得非常适合我，有机会能继续投身教育、教书育人，也是一大幸事，遂下定了决心。

　　2012 年 2 月 14 日，在凛冽的寒风中，我踏入了湖南吉利职院的校园。目所能及的几栋楼、几十个学生，跟我心目中的高校差距很大。面试当天，袁校长就问我能不能去浙江，我说没问题。于是，我入职了，然后就直接背上了行囊，与商务系李强、教务处康剑一起，去浙江汽车职业技术学院任教了。

　　当时，我对这所学院的情况，比如职业教育的教学组织、上课方式基本上没有了解，后来才知道，浙江这个学院也是袁校长在管。他接手浙江汽车职业技术学院后，进行了一系列的改革和调整，而这些改革需要人手去推动和实施，我们就在这样的背景下来到了浙江。

　　袁校长改革举措中的一项重要内容是"学评教"，而且评教结果要公开，一个河北工业大学来的教授，学评教成绩靠后，一样被张榜公布。这在当时引起的震动非常大，因为很多人都是第一次看到对老师的评价是以学生评价为主。

　　这项改革，倒逼老师们抛弃"满堂灌"的教学方式，想尽办法提升教学技能，丰富课堂内容，真正"以学生为中心"开展教学。我也很受触动，作为一个几十年不玩电脑的人，每天拉着李强，学习做 PPT，过上了三点一线的生活：做 PPT 备课，上课，听课……当个老师表面看就这些事，但说起来容易，做起来难。我承担的是"汽车检测与维修技术""汽车传感器技术"两门课程的授课任务。以前我们带徒弟，都是对着故障车，现场边修边教，可是当时学院条件还不完善，上课没有实物，只能拿着书讲。书上说，发动机故障诊断是靠耳朵听，听是"咚咚"声，还是"嘶嘶"

声,但到底是什么样的声音,学生并没有实际的感受。老师上课上得很艰难,学生也不愿意听。怎么办呢? 苦苦思索后,我们还是做了些工作,向年轻人学习,在电脑上搜集视频、动画资料等,上课时演示给学生看,效果还不错。

改革的成效还是很明显的,学生的学习兴趣被激发,教学质量不断提升。"学评教"作为贯彻"以学生为中心"的一项重要举措,在后来的湖南吉利职院延续下来,并逐渐完善,成为学院的一项重要的办学理念。

改革的第二项重要内容,就是高度重视实践教学,着重培养学生的实践能力。培养学生的实践能力,首先教师自身的实践能力要过关。当时因为师资短缺的原因,学院引进了一大批年轻老师,他们大部分都是刚毕业就来到学院教书,实践经验明显不足。由于汽车产业和工业技术的快速发展,一些有经验的老师甚至也会存在理论与实践脱节的问题。当时实训中心主任昌百竞编的一本书《自动变速箱维修》,理论很清晰,但实务对不上。

课余时间,昌教授开始带着教研室老师和实训中心老师一起进行发动机拆装。我本来就是学机械的,之前又积累了丰富的汽车实践经验。于是,我这么一位老同志,在教育界又焕发了"第二春"。后来我进行了总结,汽车专业课程的学习应该是从实操训练上升到理论总结的过程,首先就是要动手去做、去练,再配合进行理论学习,这就是我们所提倡的"在做中学"。

2012 年 5 月,湖南吉利职院搞专业申报,需要我们回校。那时从临海回湘潭,实在不方便,要先坐汽车从临海到金华,再坐火车硬座"咣当咣当"一夜,从金华到湘潭。一回来就着手进行专业申报,经过几日劳作,终于完成任务,学院还发了一次夜班补贴。

回来之后,学院实训中心建起来了,汽车四大工艺道场齐备,几十百把台崭新的教学用车整齐地排列着,实训条件在省内可以说是数一数二。我总结了在浙江教学积累的经验,又对照汽车实物进行教学,那年学院招收的第一届学生 120 多人,我把汽车相关内容全部教了一遍,效果非常好。

诗酒趁年华,仗剑走天涯。度过半生归来,我实现了一番蜕变,再次成为一名教书先生,我很享受为人师表的乐趣。

作者简介:赵俊锋,2012 年 2 月 16 日入职湖南吉利职院,先后任实训中心主任、校长助理、副校长、常务副校长。

人在囧途

康剑

2012 年，湖南吉利职院开始正式招生。也是在这一年，学院正式提出，企业应该在学生进校前就参与学生培养工作，学生在校期间所有教学活动都要有企业的身影。

第一届学生该如何培养？按什么计划培养？这是当时急需解答的问题，集团和学院都很重视。这年 5 月，由袁礼斌校长牵头，湖南吉利职院联合浙江汽车职院专家、教授约 10 人，组成了一支编写团队，从台州出发，赴杭州吉利集团总部召开讨论会议。此行的目的有两个，一是请集团人力资源和技术方面的专家，从企业用人的角度，一起参与制定湖南吉利职院 2012 级人才培养计划；二是搭建企业专家资源库，按专业，分模块，搭建学院和企业各技术部门的一对一联系通道。

出发前一天晚上 9 点，两所学院才确定最终参会人员名单。我拿到去杭州的参会人员名单后，需要立刻为老师们订好第二天从台州赴杭州的车票和酒店。

时间很紧，我马上联系所有人，收集证件信息，然后网上注册购买火车票。刚买到第 3 人，手机显示，我的账号余额不足，只能紧急联系在湖南的财务总监李新美起床，转钱给我。当时网上银行转账需要等待 2 个小时才能到账，钱还没到账，我的 12306 账户又报警了，因注册了太多人，被系统识别为危险账户，直接被停用。

此时已经是晚上 11 点 30 分了，我急得满头大汗，垂头丧气地去找袁校长汇报，他马上联系了浙江汽车职业技术学院后勤部，安排校车直接送我们去杭州。我长舒一口气，一晚上的匆忙终于可以结束了，噢，不，我还得把刚买的三张高铁票退掉。

第二天，我们到达吉利集团杭州总部的会议室时，赫然发现会议桌牌袁礼斌校长的名字打成了"袁李斌"，我的冷汗都出来了，但已经没有时间重新换桌牌了。我想起来，昨天晚上手忙脚乱，匆匆忙忙和吉利集团李望军对接了白天的会议流程后，已经半夜了，就没有进行第二次核查。我真恨不得有个地洞能钻进去。

会议结束后，我们经由绍兴转车，住一晚，第二天再返程。我马上预订酒店，安排大家的晚餐。吃完晚饭已是晚上 9 点，教授们商议，不如乘胜追击，大家在一起把今天的收获拿出来碰一碰。这么晚，酒店没办法协调会议室，教授们说，"人在，哪里都能进行交流"。

晚上 10 点，大家在袁校长的房间集合，有人坐在床边，有人坐在脚踏上，还有老师在地毯上席地而坐。大家有一说一，思想的火花越碰撞越兴奋，我仿佛看到一群回到大学校园的热血青年。

直到次日凌晨 3 点，大家才愿意歇一歇，我和浙江的赵老师一起出门为大家找宵夜，聊天中他说他已经很多年不熬夜了，年纪大了家里总提醒要养生，不知怎么的，遇到湖南过来的老师，会忘掉时间，沉浸在当下无法自拔。

我想这就是我们这支团队的力量吧，固然很多条件不成熟，也有很多小毛病，但从不缺乏勇往直前的"干劲"。正是这股干劲，让我这一路囧途，在一夜的研讨中画上了圆满的句号。

在当晚研讨的基础上，我们制定了学院第一份人才培养方案。这个方案，解答了湖南吉利职院"培养什么人"和"怎么培养人"的问题，为之后学院一系列人才培养方案的制定提供了框架和模板。

作者简介：康剑，2011 年 8 月入职，在教务处负责教学管理、校企合作等工作，2018 年起任图书馆副馆长。2020 年入职湘潭理工学院，任图书馆副馆长。

三个"一定"

唐湘

> 正确对待他人和社会，凡事积极阳光，不要牢骚满腹，乐于关心他人，淡化自我得失；
>
> 正确对待自己，要自信，不自负，要自立，不依赖，要自强，不自卑；
>
> 正确对待金钱，没有钱是不行的，但不能把金钱作为人生目标，不能为金钱而不择手段。
>
> ——三个"正确对待"

一定要端正心态

在浙江汽车职业技术学院上班时，我觉得周边的一切对自己都挺不友好的，原因可能很复杂，最主要还是自己太年轻，不会正确对待周边的人和事。一位老乡同事看我待了6年还没什么长进，一语道破："你都不把这里当家，永远不会有家的感觉，总归是在漂着。"是的，我想回湖南。感谢学院领导，非常关心我，得归，幸甚。从此，我在湖南吉利职院有了安身立命之所，我也在湘潭成了家，真正实现了安居乐业。由此我得出一个结论，一定要端正心态。

我在2012年4月回到湖南，入职湖南吉利职院。崭新的学院、精简的机构——院办、教务处、学生处、财务处、招生办、后勤，各个部门都缺人手。我一进教务处，工作任务立马到手。刚开始，我就负责了考务、学籍、实训楼功能教室管理、英语/计算机考点申报、实验实训设备报盘等多项工作，很多都是第一次接手，现在回想起来，自己还真敢干。

扎扎实实锻炼了几个月，2012年7月的一天，中巴车拉过来满满一车从浙江来到湖南的同事。座谈会上，我分享了来湖南这段时间的感受："我到湖南后，无时无刻不被身边的同事感动着，大家都在凝心聚力开辟一个新的天地，一个崭新的平台，大家都在这个广阔的舞台上发挥自己的最大能力。以前，我可能适应了按部就班的生活，但来到湖南，我相信自己一定能够开启'主动人生'。"借用狄更斯在《双城记》里的一段话，"这是一个最好的时代，也是一个最坏的时代，人们面前应有尽有，人们面前一无所有"。所以，对所有人来说，都要积极作为，奋发努力。

陈燕萍老师有佛教信仰，她跟我讲"我很贪吃，总要把自己吃撑"。佛家常说"要戒贪嗔痴，唯有戒定慧"。能理论结合实际的同志，我是很佩服的。我跟她交流"痴"，组了几个词"痴迷""痴呆"。"痴呆"不好听，一听就是脑子不好，不然就是干事不动脑子，呆呆的。尽量勤学多思，预防好"手、足、口、脑"病。尽量动手去做，迈腿去走，张嘴去问，动脑去想，凡事最怕上心。"痴迷"就看是迷什么了，如果是出于对自身专业的自信，对事业的痴迷，对工作的执着，这样的"痴"也挺好。

多年来，学院里涌现了一大批先进人物典型，他们在追梦的过程中，用执着和坚守，坚定自己的初心，成为学院的中流砥柱。我想，追梦、圆梦就是"痴迷"的理想状态。

一定要严于律己

在湖南吉利职院有几条要求：1.无烟校园，全面禁止吸烟；2.不允许带早餐进教室；3.看见老师要主动打招呼；4.上课不得迟到；5.进出办公室，注意礼仪。这些要求，从小处来规范学生的行为，促进学生不断进步。学生是认真执行了，但教师是否"为人师表"，给学生做了好的榜样呢？跟大家分享几个小故事，看看校园发生的一些潜移默化的"小事"。

校园保洁阿姨刘珍华，每天早上7点就在学院进行保洁工作了。刘老太太总是慈祥地看着来往的师生，笑开了一脸的褶子，一口浓浓湘潭普通话"老师好""同学你好"，成了学院文明礼仪的代言人。

守时、上课不迟到是最基本的要求，但孩子们可能都有千千万万个赖床的理由。以前有段时间，我的办公室在实训楼4楼，早上8点钟左右总能看到楼下有学生排队，这是学生处想出来的办法，让迟到的学生签字。学生会的干部在吹哨子，催促上课的学生加快脚步。也有老师急匆匆地赶往教学楼，学生会干部最讲礼貌了，在教学楼门口排成一列，看见老师就喊"老师早"，声音贼亮。不知道多少老师低着头，红着脸，匆匆走过。期待下一次面对孩子们的招呼时，老师们能仰头摇手跟孩子们道一声"同学们早"！后来，迟到的学生慢慢就少了。

还有一个我亲身经历的戒烟故事。袁校长在校园全面禁烟，还明令我们不能和刘院长抽烟，因为他有心脏病。但我们还时不时偷偷和他抽几根。有次学院去资兴和东江湖开展集体活动，我们到达后，在酒店集合，我和赵院长、何助理、刘院长四人在楼下抽了根烟，结果被校长在楼上透过窗户发现了。回学院的第二天，我们的办公邮箱收到了校长发来的"感谢信"，每人罚款 2000 元，感谢我们为学院增加了收入。此后，我们就严格控烟了，刘院长最后还因心脏问题住院了。控烟确实很重要！

一定要艰苦朴素

上课的时候，我喜欢给孩子们分享"退休木匠的礼物"的故事，这个故事告诉我们，现在的一切努力和付出，将是我们这辈子最宝贵的回忆。湖南吉利职院是一所年轻的学院，在这个平台工作，不能像别的单位那样按部就班，而是要用双手为自己"建设家园"，建设的过程虽然艰苦，但每一刻都充满了宝贵的回忆。

最开始学院只有一栋实训楼，每年夏季开学迎新的前奏，总有一场"大戏"——蒸桑拿。赵俊锋老师经常拉着我们一起冲洗 1 楼实训大厅，十几个男人，光着膀子，拿着水管在那里冲。七八个人每人一把长拖把，排成一排，光着脚，踩着洗衣粉泡泡，"吱溜、吱溜"从东头干到西头。

一帮子一起赤膊干活的兄弟，干活累得不行的时候，总开玩笑说，"百年后，要把骨灰埋在学院的樟树下面，让树长高些，树荫更茂密一些，让学生们能在树荫下上体育课"。现在，学院里面的树长大了，树荫越来越密，让我们感到很是欣慰，很是欢喜。

借着当时学校党委书记王卫军的一段美文表达一下心中的感慨："东滨湘江，水天一色，西接地铁，直通长沙，南临碧泉，弦歌不辍，北望麓山，古韵千年。青山掩映碧水，绿荫环绕楼阁，校园之内，树木已成林，百年树人犹可期。"

搁笔掩案，思绪万千，真情历历在目，弥足珍贵。

愿南来北往雁皆来吉利，春风化雨润桃李芬芳。

作者简介：唐湘，2012 年 4 月入职湖南吉利职院，先后担任基础部主任、自动化工程系主任、招生办主任、人工智能与软件学院院长。

峥嵘岁月

李新美

2011年8月，我第一次踏上湘潭九华这片土地，来到新的工作岗位，担任学院的财务总监。职务是总监，其实是"光杆司令"一个，只有工程部的两位财务人员在兼职帮学院处理一些日常的财务事务。第一天来上班，我发现不是在学院办公，而是在吉利湘潭基地南门的宿舍区门口一栋房子的二楼，跟校长、院办和教务的同事在同一间办公室办公。

晴天一身灰，雨天一身泥

当时我感到很奇怪，为什么不是在学院办公？等到下午同事带我去学院参观，才知道原因，学院还在施工中。毫无心理准备的我穿着高跟鞋，深一脚浅一脚地跟着同事在校园里走，2栋宿舍门口有一个巨大的水泥搅拌机正在工作，我好不容易踏上平坦一点的楼梯，还没站稳，就被搅拌机甩出来的水泥溅了一身。

从当时的办公地点到学院六七公里的路程，仅有一条乡间小道，很窄，很多地方会车都困难，甚至有时会发生翻车的事故，路面状况也很差，有很多大坑，遇到下雨天，车辆一不小心就会陷进去。"晴天一身灰，雨天一身泥"，就是我们走这条路时的真实写照。

当时家里孩子还小，我需要每天在长沙与学院之间往返上下班，早上来学院，先要赶去长沙火车站坐长潭西城际大巴，下了长潭西高速后，再想方设法借助各种交通工具从九华到学院，摩的、的士、顺风车都坐过。现在想想，如果当时有共享电动车，那么共享电动车也许会是我最好的交通工具。

教务处的周经野教授当时开一台小蓝车上下班，看我天天为坐车折腾，便常常伸出援助之手，只要有空，他就会在高速路等我，或者下班的时候捎上我去大巴站。非常感谢热心的周教授。

这条小路我们一走就是几年，直到 2016 年才正式通车，完全不像刚来的时候校长跟我说的"过两年就通车"（估计校长这话对很多老师说过吧，哈哈）。2017 年春节团拜会聚餐，校长特地把地点定在长沙，按他的话说，"终于和长沙无缝对接了"。

"四无四一两停"

在吉利生产基地南门待了没几天，学院就要开学迎新了，我们办公的地点也搬到了校内。记得食堂第一次开餐，校长特地让我们一批人在食堂一楼小聚，摆了几桌，基地胡边疆总经理还带了一批人来祝贺。开餐前，先放焰火，足足放了十几分钟，最后在校长一声洪亮的"吃饭"声中，食堂算是正式开伙了。学院也给我们分配了教工宿舍，其实就是学生宿舍，学生住楼上，我们住楼下。宿舍"四无四一两停"：无空调无纱窗无网无热水，一桌一椅一柜一床，还经常停电停水。

由于学院不通自来水，生活用水是抽取地下水，只要停电就会停水。这地方经常打雷闪电，有段时间，由于避雷工程还没做好，一打雷就停电。一到下雨天，特别是看到闪电，我们就担心又要停电了，有一次雷电还把 2 栋的房顶打出个大窟窿。

没有热水的情况持续了两年多，实在是让人刻骨铭心。冬天洗澡靠一身正气取暖，洗头对于长发的我来说更是一个大工程，因为只能用热得快在桶里烧水。如果哪天回到宿舍，发现居然有热水，竟会莫名地感到幸福满满。

由于宿舍刚建好就住了进去，湿气未散，家具和衣物经常长霉，早上擦完桌椅柜子去上班，下班回来，发现又全部长毛了，当时感觉真是万念俱灰，也惊叹于南方霉菌的极速生长力。那段时间，每天早晚两次打扫绿霉变成了常规清洁工作。

曲折坎坷

最初，财务是跟院办、人事的同事们在一个地方办公。财务部门和其他部门共用办公室，这是我从事多年财务工作以来的第一次。办公室是一间大教室，在实训楼 401，共同办公的曾志刚老师没有关门关窗的习惯，虽经多次提醒，他还是经常门窗大开就走人了，全然没有意识到财务部门也在这间办公室里一起办公。好在当年财务资料不多，学院人丁稀少，院风淳朴，可以夜不闭户。后来，其他部门同事陆续搬离，财务部门才有了独立的办公室。

2011 年 8 月，第一年迎新收费，收费处设在食堂二楼，也就是现在的后勤办公室。由于网络没通，不能刷 POS 机，收费现场只能收现金，需要刷银行卡的同学，必须由相关的工作人员带到学院外的工程部办公室，在那里办理刷卡缴费手续。工程部办公室设在学院外面租赁的一栋民房里，离学院大约有1公里的距离，只能坐摩托车或者开车过去，学院当时有专人接送这些学生和家长过去刷卡。当年的合作银行是光大银行，他们的工作人员也很热心，帮我们跑了很多趟工程部。

在食堂二楼收了两年的学费后，财务处收学费就改到食堂一楼一卡通充值处了，收费与一卡通开卡同步进行。到了2018年，迎新收费处设在一教图书馆阅览室，收费环境和条件已经大大改善了，不仅可以收现、刷卡，还开通了支付宝、微信、网页端等网上缴费平台。

学院的缴费票据也经历了从手工填写到电脑制作并打印收据，到学费收费系统开具并打印收据，再到现在由税务票控系统开具发票的规范化过程。收费方式也从传统的现金、刷卡，到后来逐步开通微信、支付宝等第三方支付平台。2018年，学院正式启用网上缴费平台，终于把我们繁重的收费工作逐步变成了简单的对账工作。

由于民办学校无法在财政领取票据，而税务部门的免税发票又一直申请不下来，学院曾多年使用自制收据作为收费凭据，在每年的教育年审中总要受到监管部门质疑。2018年6月，学院正式使用增值税电子发票作为收费凭据，依法合规。学院当时是九华第一家申请使用电子发票的单位，也是湘潭第一所使用电子发票的高校，也因此在后来的年审中得到了监管部门的表扬。

至于非营利组织的认定之路，更是曲折坎坷。李书福董事长一直要求我们非营利办学，自学院2011年创办开始，我们就一直在咨询办理非营利组织认定的程序和手续。从民政到工商，从税务到财政，我们到政府的各个职能部门来回跑，不知道跑了多少趟。由于湘潭从未办理过非营利组织的认定，没有相应的程序，没有牵头主办的政府职能部门，所以学院非营利组织的认定一直未能办理。直到2016年，借九华税务稽查局对学院开展稽查工作的契机，学院终于启动了非营利组织的认定工作，由九华税务部门牵头办理，再逐级提交到市级。2018年年底，我们终于拿到了红头文件。至此，学院正式成为湘潭第一家被财税部门合法认定的、真正的非营利民办高校。

忆往昔峥嵘岁月稠，回顾学院的创办之路，充满了曲折坎坷，但我们坚信：山再高，往上攀总能登顶；路再长，走下去终能到达。

作者简介：李新美，2011年8月至2018年12月，任铭泰集团财务管理部部长，兼湖南吉利职院财务总监。

吃饭的故事

刘蓉蓉

2012 年 6 月，建校初期，袁校长从浙江带回一批教师。他们的到来，使得宿舍楼顿时热闹了起来。特别是二楼，以前就我一个人常住，每天安静得连自己的心跳都能听得到。这下可好，浙江来的老师几乎住满二楼，吵吵嚷嚷好不热闹。其中有几对夫妻，分别是徐立川、姜素兰夫妇，何雄华、钟明夫妇，昌百竟、吕建平夫妇等。我们之间发生了很多吃饭的故事。

蹭饭吃

当时学院住房比较宽松，这几对夫妇可以申请两间住房，一间做厨房和餐厅，另一间做卧室。一时间，进进出出，锯木头，搭灶台，置锅碗，买米面，烧油烹菜，嗞嗞啦啦，叮叮当当，搞得人间烟火，楼道飘香，家的味道，扑面而来，再融合到一起，宛如一个大家庭。

从那以后，我的单身生活开始融入这个大家庭中。时常，我的左邻，姜素兰敲门，送来一包她家乡的特产，让我品尝；时常，我的右舍，何雄华夫妇喊我去她家蹭饭；时常，我的对门，吕建平喊我到她家吃饭。一开始我还矜持，不好意思，推托客气。可时间一长，赶不上食堂的饭点，或经不起他们煎炒烹炸的诱惑，就没了客气，拿着碗，敲门，喊人，张口"要饭"。

我蹭得最多的是昌百竟夫妇家的饭。他们两口子都是 40 后，和我一样是东北人，饭菜比较合口味。他们热情、厚道、豪爽，热爱生活。每到双休日，这两口子就每人背一个大大的双肩包，买上足够一个星期吃的食材回来。当时学院周边交通极不方便，他们夫妻俩背着几十斤重的双肩包，着实不容易。一次我外出回来，刚好和他们坐一辆公交车，下车时，想帮吕老师拿一下她的背包，结果太重了，我根本拿不起来，要和她抬，她说自己来。我只能在后面看着他俩弓腰屈背负重而行。即便这样，他们还不惜用大锅煮饭，大盆盛饭，大碗装菜，喊我们去他家蹭饭。每当他们做一些有东北特色的餐食，就会喊上周边的老师一道品尝，乐此不疲。

送热饺

东北人爱吃饺子，双休日吕建平夫妇几乎都包饺子，他们包的饺子肉多、个头大、味道香，令人垂涎，是我的最爱，成了我双休日的期盼。

有个周六，我在办公室加班，那天电梯坏了，中午懒得回去，就泡了一包方便面维持一下体能。到了晚饭时，材料还没有写完，我正饥肠辘辘，吕建平老师发QQ喊我回去吃饺子，顿时觉得幸福指数飙升。我立刻回她："写完就回。"她回我："饺子趁热吃才好，吃完回去再写。"语气坚决，很像长辈。因为没有电梯，我不愿意爬下爬上，坚持说："我不怕凉，给我留着，写完就回。"

十多分钟后，昌百竟老师居然气喘吁吁，左手端着用毛巾包裹着的饺子盒，右手拿着塑料袋装着的蘸料出现在我面前，我愣住了。他只说了一句："饺子是肉馅的，要趁热吃，凉了不好吃。"说完转身走了。

望着他还在气喘吁吁的背影，忽然一股暖流涌上心头，涌上喉咙，涌上眼帘。他们夫妻大我八九岁，平时的教学任务也是蛮多的，周末休息时间，还要出去买菜，再回来和面、弄馅、擀面皮、包饺子，非常麻烦和辛苦，但还是为了让我吃上热乎的饺子，爬上四楼，送到我面前，真的令我心痛、不忍和不安！我为自己一时的懒惰而深深地懊恼和自责！

看着那一盒饺子和蘸料，既感动，又感慨。我一个人远离亲人，举目无亲。可看眼前的情形，即便父母家人，也不过如此！是呀，离家千里之外，陌生的环境，不适的气候和饮食，时刻消磨着意志，可就是有身边的领导和同事，给了我很多关照和帮助，温暖着我这个他乡异客。

当时院办章晓燕、裴佳妮、刘妹琳还有后勤的李强、张久强、刘芳，为我上街买了上好的凉席和蚊帐。袁校长、庞艳芬和康剑一有时间就带我出去品尝湘菜，找东北饭店。有几次，康剑打包玉米烙给我，说是领导亲点。这以后，我对玉米烙情有独钟，喜欢它饭菜兼得，喜欢它软糯焦香，喜欢它不辣不腻。正是有身边这些温暖和感动，我记住了这里的人。这里的风情，这里的事业，让我去了又回。

做挂面

建校初期，学院周边设施不够完善，道路不通，那个时候对面的安置区还没建成，没有餐饮和商业网点，还经常停水、停电，条件非常艰苦。一次，外线又通知全天停电。中午食堂不能做饭，校长让院办通知大家坐校车集体到外面吃饭。那天中午，一顿红烧肉和若干美味，圆满地、高质量地让大家饱了口福，又奢侈了胃脯。

晚饭没辙，只等来电。原来通知晚上六点来电，可到了六点，没来；到了七点，还没来；好在中午的红烧肉扎实抗饿。那时，还没有普及智能手机，停电没事干，又没有地方可去。我和钟明就坐在他们的厨房里，用一只手机照明，闲聊。何雄华摸黑在篮球场打球，其他人，都在宿舍里发呆，偶尔有人出来喊一声"还不来电！"我们也不停地吐槽，甚至骂着这种没有人性的野蛮停电。

八点了，何雄华打球回来，又给九华供电公司打电话，问什么时候来电，他们说，检修还没有完，不知道什么时候能送电！"噩耗"一出，立刻引起一阵抱怨和骚动，杨红军、李富贵、卫祥几个人在走廊里窜着，喊着，无聊着。那时，网购没有现在发达，而且学院周边没有任何快递网点，谁都没有囤货的习惯。我回宿舍好不容易找到三块奥利奥饼干，和钟明、何雄华三人分吃了，丝毫没用，好像更饿了。

只见何雄华忽然奋起，直奔柜子，喊道"想起来了，还有挂面！"果然，他拿出一大袋还没有开封的挂面。可接着又说："现在改用电磁炉了，好久没用燃气罐，恐怕煤气罐没有气了，煮不了面了。"我气急败坏地喊道："何雄华你不带这样忽悠人的！"他看着我说："主任，看在你穷凶极'饿'的份上，我试一下，如果运气好呢，可能还有救，如果不行，也就别怪我了。"只见他拎起燃气罐晃了几下，用打火机一点，"嘭"的一声，居然着了！火还挺大，我们一阵狂喜！赶紧拿锅烧水，可过了一会儿，火又小了。

刚好李富贵在，何雄华和他两人轮流抱着燃气罐使劲地摇晃，节奏感和画面感特别强，特别好笑。可当时，我们没心思笑，全神贯注为吃面而奋斗。终于面煮熟了，大家拿碗盛面。没有拌料，何雄华拿出蚝油，每个碗里倒一些，然后再倒点麻油，搅拌一下，开吃！哇，这面，居然味道好极了！必须说，这是我这辈子吃的最囧、最有特色、最值得回忆的一碗面！吃完了，各自该回了。刚起身，来电啦！顿时，满屋贼亮，抬腕看表，九点一刻！

建校初期，条件虽然艰苦，但大家在校长的带领下，还是蛮有激情和创业精神的。2013年，家生变故，我不得已离开了学院。2017年，我又回到学院，返回院办的工作岗位，仍住在宿舍二楼。只是当年的那几对夫妻和浙江过来的老师都已陆续离开。喧嚣不再，物是人非，静悄悄的楼道，再也听不到锅碗瓢盆的进行曲，闻不到煎炒烹炸的鲜香，找不到家乡舌尖上的味道！

　　十多年过去，弹指一挥间，校园巨变，今非昔比。当年，"晴天一身土，雨天两脚泥"的校门前的崎岖小路，已建成四通八达的纵横大道；公交车站就在校门前，零换乘就可以到达休闲购物的地方；当年期盼的高铁站，近在咫尺，一票通达北上广深；当年正在兴建的石莲安置区，现在已成热闹生活区，餐饮购物十分便利。如今的校园，宜居宜业，再也没有了当年衣食住行的烦忧。抚今追昔，以往的琐事只作闲谈和回忆。

作者简介：刘蓉蓉，2017年3月15日至2022年12月30日，任湖南吉利职院办公室副主任，兼档案科科长。

做一颗螺丝钉

付晓

2011 年 5 月，我应聘到吉利工作，当时学院还叫湖南汽车工程师专修学院。九华人都叫这所学院为湘江学院，那是因为当时吉利集团和湖南大学签署了合作协议，合作办一所本科层次的独立学院，取名湘江学院，但因政策原因，教育部一直没有审批。

当时我们的工作地点在吉利湘潭基地南门的一栋楼内，共有 10 多名员工。5 月至 8 月，我的工作是负责督查学院工地，主要是了解教学楼和学生宿舍的施工进度，然后向后勤主管汇报。

8 月份，学院的宿舍和教学楼基本建好，我开始做宿舍楼和教学楼的管理工作。那一天，我去接收钥匙，工程部的人抬出了四麻袋的钥匙。我一个人一次根本提不了，后来用车装走的。有人好奇为什么有这么多钥匙？其实看起来钥匙是这么小小的一片，但是一个房间有 5 片钥匙，一栋宿舍楼有 150 个房间，几栋宿舍楼加教学楼，钥匙装了四麻袋，就不难理解了吧？

为了让这些钥匙不弄乱，我将所有的房间逐一编号，然后在每一片钥匙上贴上对应的编号。建校早期，学院老师的流动性较大，老师离校，我在收回钥匙方面有时也会费点神。如果没有收回，我自己就要垫付配钥匙的费用。当然管理学生宿舍和教工宿舍，也不单是只管钥匙，还有许多具体的工作。

初创时期，不仅办学条件很艰苦，学院的办学理念一时也不易被学生接受，偶尔也出现一些状况，我都一一经历过，说起来真是不容易。

举几个小例子。首届学生军训返校第二天，几名学生吃了学院小超市的蛋糕，引发腹泻，我陪学院领导将他们送到医院。后来工商部门还来调查了，原因是蛋糕在运输过程中袋子裂开了，结果为超市配货的公司被罚了款，还给学生送了一堆牛奶。

第一届学生是以工程师专修学院的名义招进来的，在第二年高考报名时，一些学生找借口，不想高考，想直接上高职，有一天在学院里煽动情绪，要求见袁校长。当时校长还在浙江临海的学校，晚上 10 点多接到报告后，他立即出发，马不停蹄，连夜开车近 10 个小时，于第二天凌晨到达学院。沟通后，一部分同学退学了，还有一部分坚持了下来。我们每个老师都参与了安抚学生情绪的工作。

当时学院位置偏僻，师生也就百把人，食堂的早餐品种很单调。校长发现大家喜欢吃吉利基地食堂的包子，就让我每天天不亮赶到基地买一大袋包子、馒头，供学生们早餐选用，我就这样坚持了近一年。当时为了学生，真是一身干劲，不觉得辛苦。

第一届学生刚上课时还发生了一点小插曲。学院的人才培养计划规定，新入校的学生要先到吉利湘潭基地的工厂见习一个月。这一计划也不被一些学生理解，第一周很安静，第二周某天一早，他们突然在宿舍楼下敲锣，说不去工厂上班了。工厂很被动，也是一肚子意见。后来我们了解到，工厂很重视这批学生，每个组都安排了班长带。可是由于部分班组长自身就不稳定，做了不少反面工作，引发了学生闹事。学生还把湖南电视台的记者找来了，一直盯着当时的教务处处长周经野教授，据说还跟着去了他湘潭大学的家里。学院组织老师向学生做沟通解释的工作，我也参加了，最后学生的情绪总算是平复了。

第一届学生入校时，学院周边都是大工地，经常因施工挖断电缆，导致停电，进而就会停水、停网，学生意见挺大。为此，学院给每个宿舍发了一个水桶，用于存水。有天早上五六点钟，校长起来发现宿舍没有水，他就下楼找水，发现宿舍一楼有点水，流量不大。他就叫我起床，找了好多个桶，我们一起接水，送到学生宿舍门口，每个宿舍一桶水。后来，校长就要求学生每天睡觉前把桶放在门口。每当遇到停水时，校长清早就带着我们接水、送水，在每个学生宿舍门口放一桶水。学生一早看到有水，都很高兴。但他们不知道，这都是袁校长一桶一桶接下的水。

最初几年，学校从湘潭大学和湖南科技大学聘请了一些老师来校上课。由于学校偏僻，老师来校上课的交通是个大问题。当时我刚拿到驾照，喜欢开车，领导安排我接送这些老师，这样持续了几年，总体上保证了老师们按时到校给学生上课。偶尔也出过一些小问题，有一次开车送上课的老师回家，在乡村小路上，因为对面来的摩托车突然停车横在路上，我不得不急打方向盘，结果车撞到了一棵树上，幸好没有人受伤。

　　学院早期的招生工作是每年的大事，我负责怀化两个县的招生工作。每到高考前期，我就去当地的高中，与校领导、班主任交流，召集意向学生，介绍我们学院的情况以及吉利公司的就业情况，鼓励想学汽车的学生填报。

　　早期学院师资紧缺，工作分工远不如现在这么具体精细，常常是一个人同时负责几项工作。好在那时我们正年轻，有使不完的劲，我除了做好宿舍管理，学院哪里需要我就冲向哪里，毫不犹豫把事情干好。

　　现在我仍在做宿管工作，学院有其他事安排，我仍然会不讲条件把事情做好，就像一颗螺丝钉，虽然不起眼，但哪里有需要，我就往哪里钉。

作者简介：付晓，2011 年 5 月入职，一直从事宿舍管理及其他后勤服务保障工作。

第三章　往事如歌

一次自救

赵晶晶

　　弹指一挥间，我来湖南吉利职院也已经有十多年时间了，有幸见证了学院的变化。从初创时期只有百余名学生的规模发展到现在在校生7000多人，学院在同行及用人单位间的口碑一直都很不错。

　　现在我还能记起2012年8月第一次来学院时的场景。当时知道学院位置比较偏，但没想到这么偏，在崎岖不平的"007县道"上要开几公里才能到学院，车过之处，尘土飞扬。还没到学院，我心里已做好艰苦奋斗的准备。尽管如此，2013年6月经历了人生中第一次招生宣传工作之后，我的内心还是崩溃了。总之，经历过招生工作的苦，就不觉得以前的那些苦算什么了。

　　说起下点招生宣传，相信很多老师跟我一样，有倒不完的苦水。2013年，我去常德澧县和临澧招生，路程远不说，遇到的第一道槛是如何进中学的大门，没有认识的老师根本进不去。托人找到高三班主任，老师们也只是出于礼貌，没有当面拒绝。那时学生在校不能用手机，我能获取到的信息有限。当时学院还没有什么名气，再加上全是汽车类的专业，我们在宣传过程中受到了各种阻碍。不少老师以为我们是培训类学校，没有文凭，无论我们跟学生如何沟通，效果都不太理想，他们只相信班主任。我几个小时蹲守在班主任办公室外，只为跟老师们再多介绍一下我们学院，询问看是否有学生对汽车类专业感兴趣。现在想想，当时心中真的是带着一种强烈的使命感才坚持了下来。

　　那时候我们天天盼着潭州大道、沿江大道早点通车。在道路建成之前，袁校长曾多次带我们考察道路施工进展情况。2014年4月28日晚上，学院有一个接待活动，校长说提前走，顺道去江边看看道路进展情况。结果江边大堤因为下雨道路泥泞不堪，车子刚行驶了没多远，前轮就陷到了泥坑里，然后开始打滑，再也不能前进半分，我们怎么推车、加油都不行。附近有个施工队，我们出200块钱请工人师傅帮忙，但他们来看了说搞不出来。此时接待活动约定的时间已经快到了，客人还在饭店等着，我们非常着急，但也没有办法。我只好打电话给后勤李强，让他带绳子来拖车。

等待救援的时间里，校长不死心，他让我们四处找砖头和木板往泥坑里垫，想尝试下倒车能否有用。垫了一堆砖头后，校长去开车。结果油门一踩，砖头全部被甩开，由于忘记关天窗，轮胎空转时泥巴水从天而降，浇得校长头发和身上全是泥浆，整个车身更是落满了泥。

尽管如此，校长还是没有放弃。他灵机一动，又想了一个办法，在坑里先垫几块砖头，然后在上面用千斤顶把车身顶起来，再在轮胎下垫上砖头，放下千斤顶，让轮胎把砖头压实，然后再上车发动，这次车子一下就冲了出去，居然从泥坑里开出来了。等我们赶到饭店时，客人看到我们的车，看到校长一身的泥浆，都非常吃惊。

袁校长曾经多次用一句话来激励大家，"黄土就代表着希望"，有希望就有未来。学院正是在这片黄土地上一步一个脚印，脚踏实地走到现在，为集团以及汽车行业培育了一批批品德优秀、技术过硬的青年技术骨干，结出了甜蜜的果实。

作者简介：赵晶晶，2012 年 10 月 8 日入职湖南吉利职院，先后任财务处科长、副处长。

干部成长记

陈娜

学院要发展，培养干部队伍至关重要。我是 2014 年 2 月入职湖南吉利职院的，当时在汽车系，一转眼在校工作已经快 10 年了。这些年来，我最大的感受就是学院特别重视对青年干部的培养和关心，而学院干部培养的其中一项重要举措就是每年的暑期学习会。

学习会的时间基本在七八月份，学生放假离校，正是老师们开展集中学习的好时候。地点都由校长亲自选定，颇具深意，主要分为三类：一是游览风景名胜，如衡阳衡山、岳阳君山、常德桃花源、郴州小东江等，洗涤身心；二是瞻仰红色圣地，如江西井冈山、怀化芷江、会同粟裕故居、郴州汝城等，升华思想；三是探寻文化古迹，如岳阳楼、石鼓书院、渌江书院、永州舜帝陵、洪江古商城等，陶冶情操。通过实地走访，我们从三湘大地的自然和人文资源中汲取力量；通过集中学习，大家凝心聚力，一起加油鼓劲。我们这些青年干部就是在这些学习实践活动中成长起来的。

据之前的老员工介绍，学院第一次外出学习实践活动是在 2011 年 8 月，当时学院还在筹建阶段，为了凝聚力量，学院组织了首批参与建设的 20 多名教职工赴长沙樱花温泉山庄开展了两天的学习与团建。大家一起学习国家的教育政策，讨论招生和管理工作，一起开心交流，收获满满。

2012 年 5 月，正是学院筹备的攻坚时期，但学院依然组织教职工赶赴江西武功山开展了登顶挑战团建活动。由于天气恶劣，缆车停运，大家只能步行登山，一路上风雨交加，但大部分老师都坚持到达了山顶。到了山顶才发现，最大的困难其实不是爬山，而是吃饭。由于山顶只有一家饭店，顾客很多，加上下雨，吃完的游客走不了，所以乱成一团，要抢座位用餐。整场活动下来，大家又苦又累，但意志力都得到了很好的锻炼。

2013 年 8 月，学院在韶山雅斯特酒店举办了科级以上干部学习班。大家先去参观了毛主席铜像广场和故居，缅怀主席的丰功伟绩，然后召开了学习会议。会上，学习了毛主席的《反对自由主义》《反对本本主义》，交流了《没有任何借口》一书，在思想上和工作上进行了深入沟通。其中《没有任何借口》让大家感受最深，这本书实际上讲的就是强调责任，让每个管理者明白什么是负责任：找借口就是不负责任；完成不了任务，第一时间承认也是负责任。后来，学院给全体老师都发了一本，让大家学习交流。

2014 年 8 月 14 日到 15 日，学院组织青年干部到长沙望城华天大酒店开展了两天的学习培训。由于学院规模扩大了，这次参加培训的人比较多，分成了两个大组。大家学习了稻盛和夫的《活法》和国家关于职业教育的一系列文件精神，还探讨了学生管理、劳动教育等问题。学习期间，大家还参观了靖港古镇，此地因唐朝李靖在此驻军而得名，也是当年曾国藩第一次打了败仗的地方，大家通过实地走访，亲身感受了湘军文化的魅力。同年 11 月 13 日，学院还邀请盛和塾的专家举办了稻盛和夫哲学思想报告会，倡导师生读《活法》，感悟人生。学院后来形成了一条惯例，给每位新入职的老师发一本《活法》，因为新入职的老师很多都是应届毕业生，这本书阐述的人生真理、生活意义以及人生应有的状态，对新教师正式开启教师职业的道路启发很大。

2015 年 8 月 16 日到 17 日，学院在浏阳大围山组织召开暑期干部学习会，炎炎夏日中，我们呼吸着山中凉爽的空气，进行思想的碰撞，围绕人才培养问题集思广益，研讨教育教学改革如何落地实施。同年 12 月 6 日，学院还组织青年干部赴江西明月山开展"登山挑战"团建活动，激发奋斗精神。当时山下阴雨绵绵，但一个"走到山顶"的信念让我们一直坚持到最后，意外的是山上竟然晴空万里，这让大家欣喜万分，不禁感叹"值得"。

2016 年 8 月，学校在岳阳平江组织开展暑期干部学习班。大家一起参观了天岳书院和平江起义纪念馆，共同缅怀彭德怀元帅发动平江起义的历史。1928 年 6 月，彭德怀率领国民革命军湖南陆军独立五师第一团和第三团三营驻平江，在南昌起义和秋收起义的感召下，在天岳书院发动了平江起义，起义旧址就在始建于清康熙五十九年（公元 1720 年）的天岳书院。后来，学院还多次组织党员干部来这里接受爱国主义教育。学习会在平江阳光国际大酒店举行，持续了两天，重点讨论了新学年的教学和学生管理，以及迎新等工作。

印象比较深的是 2017 年的干部学习活动，8 月 17 日—18 日，学院组织科级及以上干部到达株洲醴陵学习，会议的主题是深入学习贯彻习近平总书记重要讲话精神，研究新学期如何进一步推进"三好教育"。与会干部围绕如何严格要求自己做"三好教育"的表率和"三好教育"的新举措、新方法等问题进行了热烈讨论，大家解放思想，畅所欲言，既凝聚了共识，又拓宽了思路。我们还参观了中国共产党早期领导人之一李立三的故居、湖湘文化重要代表的渌江书院和醴陵瓷谷，感受了重教兴学的传统文化，同时也激发了奋斗的力量。记忆中，渌江书院门前那棵千年古樟苍劲古朴、姿态优美，过泮池，便是渌江书院的正门，书院的门联是醴陵籍著名书法家李铎书所写"道崇东鲁；秀毓西山"。移步向前，拾级而上便是讲堂，厅中立着孔子的像，上有"万世师表"匾。由内厅向左门，一间间小考棚保留完好。考棚前的院内立有朱熹、张栻的铜像，仿佛看到将近一千年前的朱张聚首的情景。

同年10月28日，学校组织青年干部赴祁东县开展精准扶贫系列活动，向祁东职业中专捐赠了汽车设备，支持祁东汽车类专业职业教育。在贫困学生家中，我们切实感受到了什么叫家徒四壁，简陋的房屋、茅草、柴堆、几只散养的鸡映入眼帘，大家都发自内心地想为他们做点什么。次日，大家参观了衡阳县的"湘西草堂"（王船山故居），校长说来这的都是"文化人"，我们还跟门前的五百年紫藤古树来了个同框照，留个纪念。

2018年8月13日—14日，学院科级以上管理干部赴红色革命基地井冈山举行了为期两天的干部培训，学习会的主题是解放思想，依法合规，建设适应社会发展需要的新型大学，目的在于传承红色文化，弘扬奋斗精神。自踏上井冈山的土地，我们便感受到了浓厚的革命气息。校长说，当年毛泽东等老一辈无产阶级革命家几乎是从零开始，坚定理想信念，坚持艰苦卓绝的斗争，建立了井冈山革命根据地，留下了井冈山精神，这既是我党宝贵的精神财富，更是指导我们学院"二次创业"的力量源泉。他分享了关于中美贸易战的启示和感悟，指出这将是一场长期的竞争，给职业教育和学院发展提供了难得的机遇，要把学院发展放在大的社会环境中，要解放思想，以培养适应企业和行业需要的"三好"人才为目标，把劳动教育、利他和感恩教育作为学院教育的核心，大胆改革创新；同时，也要加强合规文化建设，只有依法合规，学院才能有长远的发展。次日，我们还赴革命传统教育基地桂东县沙田镇第一军规广场、炎帝陵等地走访学习。学院随即发布了"三大纪律八项注意"的校规，规范师生的行为，全体干部进行了宣誓。

2019年4月20日—21日，学院组织部分科级以上干部赴益阳安化，走访茶马古道、黑茶博物馆及柘溪水电站。同年 8 月 16 日，学院在浏阳举行暑期干部学习会，凝聚共识，牢记办学初心，扛牢育人责任。

2020 年 8 月 6 日—7 日，学院全国产业工人队伍建设改革试点领导小组全体成员走进中国产业工人的摇篮——江西萍乡，实地考察安源煤矿，并召开学院新时代产业工人队伍建设改革试点工作推进会。大家认真学习了习近平总书记关于新时代产业工人队伍建设的重要论述，并根据批复的试点方案，从理想信念教育、奋斗者精神和工匠精神教育、技能与创新教育等三个方面逐条研究实施措施，形成了新时代产业工人队伍培养和建设的试点改革行动计划。本次会议使大家更加深刻地理解了推进产业工人队伍建设改革的重要性和紧迫性。习近平总书记对培养新时代产业工人高度重视，大家一致认为，全面做好全国产业工人队伍建设改革试点工作是学院义不容辞的责任。会议梳理了 10 项重点改革任务清单，明确了目标，细化了责任，逐项落实试点工作，全面探索新时代产业工人队伍培养与建设的新路径。

2021 年 8 月 25 日—27 日，学校组织湖南吉利职院和湘潭理工学院的中层及以上干部赴郴州东江湖开展暑期干部学习会，围绕反对自由主义、本本主义，商务人员之基本，学院新工科、新商科人才培养模式与实施，学院大学生综合素质 CFAP 模型与实施等内容展开学习讨论，并参观了汝城的沙洲村及濂溪书院。回校后，9 月 5 日，校长召开全体科级及以上干部大会，认真学习了习近平总书记在 2021 年秋季学期中央党校（国家行政学院）中青年干部培训班开班仪式上发表的重要讲话，并要求全校年轻干部加强学习、干在一线、实事求是、敢于担当。

"八年烽火起卢沟，一纸降书落芷江。"历史上的 8 月 21 日，是日本接受军事投降，中国人民取得抗战胜利的纪念日。2022 年 8 月 22 日—23 日，学院暑期中青年干部学习会在"胜利之城"——芷江举行，以弘扬伟大的抗战精神，汲取激励我们克服艰难险阻奋勇前行的强大力量。会议以服务"三高四新"，推进学院高质量发展为主题，围绕学院的定位、理念与战略，CFAP 人才培养模式的逻辑和实施问题进行研讨。大家表示，在新的起点上，我们要聚焦"创业型大学"的办学定位，树好形象、做出特色、立起品牌。广大党员和领导干部尤其要率先垂范，坚定不移落实好学院的决策部署，真抓实干、埋头苦干，充分发扬"想大事、谋大事、干大事、能把大事干成"的优良传统，拿出"功成必定有我"的责任担当，以"闯"的精神挑重担，以"创"的劲头开新局，以"干"的作风求实效。学习会上，我们统一思想，要围绕"三高四新"，全面推进创业型大学建设；要以 CFAP 人才模式为基础，实现通识教育和个性化教育的融合，培养适应社会需要的应用型人才；要全面推进"项目制"，以一个个具体的"教育项目"为抓手，构建庞大的应用型人才培养体系，各个学院要去社会、去企业中寻找真问题、真项目，让学生在实践中与产业共成长、同发展；要利用潭州书院的优势，深入研究挖掘湖湘文化的精神脉络和特色亮点，培养有灵魂的新时代大学生。会议期间，我们走访了芷江、会同、洪江，参观了中国人民抗战胜利受降纪念馆、飞虎队纪念馆及粟裕同志故居，感受了湖湘大地深厚的红色文化力量。

干部成长过程的背后，是学院的快速发展过程，也是办学理念的优化提升的过程。在湖南吉利职院的创业史中，一批批青年干部锻炼成长，积极弘扬吉利"四大文化"，即奋斗者文化、问题文化、对标文化及合规文化。学院每年制定《教职工奋斗指南》，鼓励广大教职工以结果为导向，解放思想，开拓创新，真抓实干，埋头苦干，坚守立德树人初心，全心全意为学生服务。

感谢学院，搭建了各种各样的平台，让每位老师能够各展所长，肆意成长。希望有越来越多的有志之士到学院来，和我们一起成长。

作者简介：陈娜，2014年2月入职湖南吉利职院，先后任汽车工程系专任教师、教学秘书，教务处副处长、处长，校长助理。2019年9月入职湘潭理工学院，任教务处处长，2022年7月起任学校党委委员、办公室主任、党委组织统战部部长。

宜春跨年

唐湘

　　湖南吉利职院的奋斗历程中，有一个日子属于元旦，有一个站台属于宜春。"元旦"的意思是"初始的日子"或"年首的第一天"，预示着人们要以蓬勃的朝气和奋发的斗志来迎接崭新的一年。每年元旦，学院都有一个非正式的活动，就是宜春年会。12 月 31 日上午从学院出发，经过近两个小时的车程到达宜春；下午开会，海阔天空，头脑风暴，讨论教学改革、学生管理、产教融合等；晚上搞一场活动，临近 12 点时一起读秒倒计时；新年第一天，起床后直奔灰汤镇，"新年第一泡"，既享受宜春富硒温泉，又"净身"开启新的一年。

活动起源

　　宜春灰汤因温泉而成名，而且是富硒温泉，据说对人体有好处。那一段时间，当地建了很多温泉酒店和温泉公寓，听当地人介绍，不少上海人去购房度假。湘潭到宜春只有一个多小时的车程，大家一直想去看一看。

　　2014 年 12 月 27 日，心愿之旅终于启程，校长带领一批年轻干部从湘潭来到了宜春，赵俊锋、李新美、陈华宏、胡荣、何雄华、王洪仁等老师参加了活动。当天晚上，大家出去吃夜宵。当时的宜春还相当落后，开车找了半天，好不容易找到一个路边大排档，却只有老板，没有服务员，我们只能迎着刺骨的寒风，自己找食材、自己洗、自己做，齐礼炒了两个菜，好不容易填饱了肚子。返程途中，大家去了安源，参观了安源路矿工人运动纪念馆。

　　2015 年 12 月 5 日，学院在宜春迎宾馆召开了一场科级以上干部学习会。校长首先让大家"考试"，谈谈对学院"三好教育"的理解，然后分别上去演讲，最后校长做总结。那个时候，学院还没有成规模，大家对"三好"的理解还不够深，大家关注的重点是搞团建活动。第二天一早，我们出发去了明月山，那天天气不好，到山脚时正下着大雨。这时内部出现了分歧，有的要上山，有的不想上。最后，兵分两路，一路由袁校长带队，冒雨上山，一路由刘院、赵院带队，留在山下，搞自由活动。结果是皆大欢喜。上山的同志坐缆车到山顶后发现山上竟是艳阳高照，心情也跟着大雨转晴、喜气洋洋，不但游览了明月湖，还坐了刺激的滑车，石鑫、夏梦在跳台相拥而泣的紧张状态，引来笑声、尖叫声不断。

这两次的宜春行都没有跨年，但每个人都印象深刻，收获满满。2016 年 12 月底，袁校长征求大家意见，准备尝试搞一次小范围的宜春跨年活动。考虑到是元旦假期，采取自愿参会的方式，有 10 多人报了名。12 月 31 日上午，一行人分三台小车，从学院出发，直奔宜春。宜春跨年活动由此开启。

头脑风暴

宜春跨年是心愿之旅，少不了参观游览、跨年许愿，但重点还是召开会议，重中之重是会上的头脑风暴。每年的宜春会议，袁校长都会确定好一个主题，从 2017 年的如何推进"三好教育"、2019 年的北津学院转设、2020 年的两校品牌建设，到 2021 年的如何深化 CFAP 人才培养模式及学院高质量发展，2022 年的应用型高校如何深入推进产教融合，等等。大家围绕主题准备材料，发言交流，集思广益、凝聚共识。

会议形式也很重要。我们没有租酒店的会议室，而是订一个大客房。袁校长主要有两个考虑：一是在会议室里开会太正式，太拘束，放不开，出不了什么金点子；二是会议室太贵，没必要。所以每次开会，大家有的坐在沙发上，有的坐在小凳子上，还有的坐在地上，轻松、宽松、放松。

大家围绕主题，从不同角度谈理解、谈思路，自由发言，自由交流，畅所欲言。有时站在不同的立场上为一项工作而争论，有时为一项政策能否落地而犹豫，有时因相互交锋激发出新的灵感，大家一起交流，最后校长做点评和总结。四五个小时眨眼间就过去了，大家的笔记本也不觉间记了大半本，每个人心中都有一种"丰收的喜悦"，好好消化、迁移吸收，明年的工作思路和方向就明确了。

宜春行，效果丰。对于我们每一个参会人员来说，宜春行其实就是一场打开工作思路的洗心之旅，是为了让大家锚定事业发展的方向，更好地走向希望的未来。学院的特色育人方案"三好教育"方案；学生专业技能培养方式"周周比、月月赛"；劳动教育、感恩教育、励志教育实施方案……一系列学院教育、管理、发展的措施、方案、规划相继在宜春会议上讨论、成形，并且陆陆续续在后续的工作中展开，取得了显著效果。这给宜春跨年活动赋予了更重要的意义。

印象最深的宜春之行有两次。一次是2017年，会议形成了"周周比、月月赛"的思路，回校后立即实施，效果非常好。还有一次是2022年，因为疫情原因，我们没有在宜春红林大酒店跨年，改到了温汤镇的假日酒店，场地更加高端大气上档次，我们围在温泉池子边开会，效果出奇好，大家畅所欲言，集中讨论了学徒制的问题，形成了一批工作方案和项目。

跨年活动

烧完脑，就该放松放松，准备跨年了。这一刻起大家就是一个纯粹地准备拥抱新年的人了。

跨年时刻，场所很重要。宜春发展相对落后，之前找个好一点的餐饮和夜宵店都比较困难。好在我们去跨年的那一年，找到了一个餐馆，还相当热闹，大家聚在一起，共同迎接新年。可惜的是，第二年去的时候，餐馆因为不景气，关门了，我们好不容易找到一个路边烧烤小店，在露天寒风中等待小吃，迎接新年。之后，我们每年入住的红林大酒店楼下开了一个餐馆，就方便多了。此后受疫情影响，这个店也关了。2022年，我们直接去了灰汤温泉小镇，住在了那里的假日酒店，改在房间内迎新年了，感觉非常好。

夜里十二点前的一个小时左右，是大家最兴奋、最开心的时间。气氛越来越热烈，当周边传来焰火的声音，就要新年倒计时了，伴随着新年钟声，大家一起倒数计时5、4、3、2、1，迎接新年，许下新年美好祝愿。

新年第一泡

新年第一个活动，就是泡温泉。去宜春，泡头汤，仪式感非常强。用袁校长的话讲就是"洗尽一年铅华，重整行装再出发"。

一堆老伙计，高矮胖瘦，在淙淙流水的汤池中，放松身体，坦诚相待，畅聊一年来的收获，交流迸发的灵感，打趣跨年夜的精彩表现。拾级而上，一个个汤池泡过去，徜徉在雾气升腾之间，再一次经历身心的洗礼。

中午还有一场活动，就是喝一碗浓香的老鸭汤，让吉利在元旦的宜春之行成为名副其实的身心洗礼之行。在温泉附近有一家很有特色的饭店，主打菜老鸭汤，非常可口，百喝不厌。饭店墙上挂满了毛主席的照片，服务员清一色的工农兵打扮，连收银台都叫"指挥部"。饭店风格和校长很投缘，所以到这家饭店喝老鸭汤也成了我们每年跨年之旅的必备项目。遗憾的是，2022年底，受疫情影响，这家饭店关闭了。

宜春跨年还是一如往常，延续了下来，直到今天。

作者简介：唐湘，2012年4月入职湖南吉利职院，先后担任基础部主任、自动化工程系主任、招生办主任、人工智能与软件学院院长。

技能鉴定所诞生记

康剑

事情要从 2012 年说起，当时学生考技能等级证书的事情迫在眉睫。

通过考察，学院决定为在校生申请全国统一标准的技能鉴定证书，作为参加行业证书认证的基础条件，有需求的考生单独提出考核需求，采用考双证的模式。为了方便学生报名和考试，我们开始申请成立校内技能鉴定所。

2012 年，教务处首次向湘潭市劳动局提交了申请材料，因为办学时间短，上级部门以条件不成熟为由，拒绝了我们的申请，只同意我们暂时挂靠劳动局鉴定科考点申请考核。

之后的两年多时间里，我们积极协调学院和吉利集团的资源，通过承办市级和集团的各类技能比赛，完善设备条件，建立健全实验管理制度，组织学院行政人员和非专业课教师参加校内实训培训，还组织他们参加市里的考评员考核，来培养自己的考评队伍，同时不间断地向劳动局提交申请，但仍然迟迟无法得到明确答复。

直到 2014 年 12 月，学院时任党委副书记刘江宁探亲结束，从上海乘机返潭，与即将就职湖南省人社厅的李日新处长同坐一排座位。这次邂逅让事情有了转机。闲聊中，刘副书记得知李处长主抓职业鉴定的工作，就详细介绍了学院的办学理念与条件，特别是产教融合的办学特色，诚邀他来学校参观指导。隔月，李处长带队来校考察，对学院的实训条件、办学模式非常满意，当场表示支持我们设立鉴定所。

关于鉴定所的批复文件终于在 2015 年 4 月下达学院。

当年 5 月，李处长再次带队来校考察，认为鉴定所的相关条件比原上报材料中的更加丰富，特别批准汽车装调、机动车鉴定估价等为湖南省唯一的鉴定项目。

至此，我们终于有了自己的技能鉴定所。

作者简介：康剑，2011 年 8 月入职，在教务处负责教学管理、校企合作等工作，2018 年起任图书馆副馆长。2020 年入职湘潭理工学院，任图书馆副馆长。

通勤之路

李雁

　　站在熟悉的路口，坐上熟悉的班车，沿着熟悉的道路驶向工作单位——湖南吉利职院。我从 2013 年开始乘坐这趟班车通勤，一坐就是 8 年，经过的这条路也几经变化，从乡村水泥路，变成泥巴路，变成石子路，最后变成了城市的康庄大道——潭州大道快速路。

　　早些年，从九华通往学院的路唯有一条水泥路，两边还是一片片的山，弯多路窄不好会车，美好的是车窗外一片绿意盎然，幽静安逸，时常能看到居民浣洗衣物，偶尔能听到鸡鸣狗吠，也能收获一份美好心情。

　　几年后，因为过往的大型车辆太多太重，加上建荣检测站、湘潭高铁北站的建设，通往学院的这条水泥路破损严重，变得坑坑洼洼，车辆通过时，总伴随着扬尘一片，道路环境越来越差。为解决这一带道路的通行问题，潭州大道的修建拉开帷幕。

　　由于修路的时间比较漫长，师生出行上面临很多困扰和麻烦，仅有一趟公交能抵达学院，半小时等到车就算很幸运了，一般情况下至少要等一个小时。虽然学院为老师们安排了班车，但这条路一直处于挖了又铺、铺了又挖的状态，上班通勤依然是令人头疼的问题：一路上颠簸摇晃，幅度大的时候，车上一片"啊""呀"的惊叹声，偶尔还会有人喊出一声"吓死我了"；天晴灰尘重开不了窗，雨天又全是泥。

　　最担心的还是雨天，泥巴路全是坑，车子掉坑里，全体下车推车是常有的事。有一次是 2015 年 7 月 1 日早上，当天是建党节，所以印象很深，因为前几天一直下雨，道路比往常更加泥泞，到处是水坑。班车小心翼翼左避右避，还是掉进了泥坑，所有老师习惯性地下车，女老师喊加油，男老师推车。男老师自觉走到车身后，喊着"一二三！"的节奏铆足劲推，车子终于出了泥巴坑，继续前行。我们学院的男老师很有担当，哪怕鞋上身上全是泥，也一定要把车子推出来。

　　来学院后，我一直在人事岗位上，感觉招聘工作很难，尤其是修路的那几年更难。就因为这条路，不少对学院抱有疑虑的应聘者，面试路上打好几个电话，才能找到学院；有的走到半途就放弃了面试的想法，打道回府；还有的质疑这里会有一个学院吗？安全吗？靠不靠谱啊？不会是个搞传销的地方吧？现在回想起当年的种种经历，感受到的都是酸涩和不容易。大浪淘沙，在湖南吉利职院能留下来、能坚守的都是金子。

潭州大道快速路的竣工，给学院师生带来了太多的便利。上班通勤的路好了，学院的发展也更快了。

作者简介：李雁，2013 年 9 月 2 日入职湖南吉利职院，任学院办公室人事科科长。

桌椅板凳

夏梦

2014 年 5 月 12 日，初出大学校园的我，怀揣着对未来的无限向往来到了湖南吉利职院。在这里，我开始了我的职业生涯；在这里，我被人尊称为老师；在这里，我留下了无尽的回忆和思念。我入职后就到了教务处工作，本想着凭借出众的外表、卓尔不群的才华，大干一场，努力实现自己的教育梦想，可现实却狠狠地给我上了一课，让我彻底醒来。教务处的工作很细，有的是"管"老师，有的是"管"学生，而我是"管"桌椅板凳。

可别小瞧了这份工作，想想吧，有多少个学生就有多少套桌椅板凳，这还不包括不同教学场地、不同课程、不同款式的桌椅板凳。接到这个工作任务时，我独自一人在空旷的校园里走了一圈，所到之处，目之所及，但凡能落脚的地方，全部都散落着桌椅。而且他们的造型各异——有躺着的、有趴着的，有横着的、有竖着的，有健康的、有残疾的，有醒着的、有睡着的。在那一刻，我体会到了什么叫"失望加绝望"。

但现实并没有让我停止前进的脚步，我开始了一连串的观察，进行了一系列思考，发现了问题所在。学院初创，学生不多，桌椅管理主要靠班级自我管理，没有形成统一的管理体系。我明白了，让我管，就是要建立管理的规范和制度。

于是我开始行动起来，设置安放桌椅的仓库，清查宿舍、教室桌椅，建立班级桌椅责任制，完善学生入学及退学流程中桌椅归位的环节，设立残缺桌椅的维修流程，等等。原本瘦小的我越来越壮实，学院的桌椅管理也呈现出良好的势头，一切都在朝好的方向发展。

我一边乐呵着，一边吐槽着：为什么学院不能全部使用固定桌椅？并对此"怀恨在心"。我常常害怕，害怕学院举行的一切大型活动，例如运动会、技能考试、期末考试等，因为每一次大型活动结束后，总会有些桌椅回不了家，总会有些桌椅找不到对象。

在吐槽和害怕中，日子一天天过着，殊不知，更大的挑战正在等着我，一股扑面而来的紧张感，随风而来。

8月底，新的学期来临了，学院各部门进入到紧张的迎新工作节奏中，我也不例外。新教学楼建成了，但由于种种原因，新采购的桌椅迟迟未到，教学楼空空荡荡。终于，在开学前一天的晚上，送货司机把桌椅送来了，可是卸下就走了。

看到堆积如山的桌椅出现在新教学楼前，那一刻我几乎崩溃。在那个伸手不见五指的夜晚，在那个炎热的夏季的夜晚，晚上9点开始，我、朱苏俊、殷俊等一拨年轻住校的老师就在拼尽全力搬桌椅，每一个人都是汗流浃背，但无奈的是，近千套桌椅，工程实在是过于庞大，一直干到晚上11点，还是有无穷无尽的桌椅在等待着我们。

就在这时，一个高大而伟岸的身影出现了，没错，是他，是他，就是他，我们袁校长出现了，他带着一群精壮的劳动力来了。我的内心一阵窃喜，觉得救兵已到达现场，可让人意想不到的是袁校长先对着我劈头盖脸地骂了一通。那一刻，所有的委屈都忍不住了，所有的辛苦都爬上了心头，所有的眼泪都情不自禁往下流。当时我内心只有一个念头："哼！大不了不干了！"但责任感还是战胜了逃避的念头。从晚上11点到凌晨2点，在袁校长的直接领导下，所有桌椅全部搬完了，每一间教室都摆放了指定数量的桌椅，每一位湖南吉利职院的学子都拥有了自己的桌椅。

第二天上班时，唐湘老师突然对我说："夏老师，校长奖励了你1000元。"我不相信，因为校长昨天晚上还骂了我，况且桌椅管理本应该是我的事，做好工作是理所应当的。后来越来越多的同事告诉我这个消息，我才意识到这是真的，也许是学院对我工作的认可，也许是学院对我工作的鼓励，也许是因为那晚我很委屈。

故事写到这里，所有碎片化的回忆全部浮出，才发现一晃多年的时光已过去，那些人，那些事，那些过往却都已深深地印在我的脑海里。

湖南吉利职院从零开始，如今已经十多年了。我有幸参与了学院的建设，经历了学院发展的艰辛，见证了学院的壮大与奇迹。作为一名曾经的吉利人，我非常荣幸。我特做出如下承诺：我将始终关心吉利集团的发展，始终关心湖南吉利职院的发展，用吉利人的精神激励自己，坚守自己。一朝入吉利，事事想吉利，感吉利之情，念吉利之恩，扬吉利之志。

吉利人，吉利魂，永远忘不了的吉利精神。

作者简介：夏梦，2014年5月12日至2017年7月9日任湖南吉利职院教务处考试科副科长。

韶山拜寿

谭斌

湖南吉利职院对韶山有特殊的情结，学院的文化中有韶山的基因。这主要是因为袁校长特别爱戴毛主席。他不但每两周要到一次韶山，风雨无阻，给主席"汇报"办学情况，而且从建校开始，每年的 12 月 25 日都会组织教职工前往韶山团建，给主席拜寿。

我是 2011 年 11 月 1 日入职的，当时学院叫"湖南吉利汽车工程师专修学院"。这一年是毛泽东诞辰 118 周年，一个多月后的 12 月 25 日，我第一次参加了全校的教职工活动，就是韶山拜寿活动。说来惭愧，其实我当时在湘潭已经工作 5 年了，却是第一次去韶山拜寿。

当天下午，我们 20 多人乘坐学院的中巴车到达韶山，直接去了景区外的一家农家乐，那是同事小蒋家里亲戚开的饭店，一家典型的田园餐厅。在那里，我们有的散步观赏田园风光，有的打乒乓球，有的吼几嗓子卡拉 OK，大家非常开心，非常放松。

晚上 10 点左右，到了集合的时间了。大家集体坐车去景区，去铜像广场参加韶山市统一组织的纪念活动。这个时候路上已经很多车了，我们比较幸运，直接开到了景区最里面，停在了广场的路对面，当时感觉占了个好位置。停好车，我们就往铜像广场出发。

尽管天气很冷，但这个时候的广场上已经是人山人海。人们从四面八方集中到广场，热热闹闹地给主席拜寿。大家来自全国各地，除了我们湖南本地的，更有广东的、湖北的、江西的、云南的，很多人载歌载舞，广场上彩旗招展，洋溢着浓浓的节日气氛。

12 点一到，大家怀着无限崇敬的心情，给主席铜像三鞠躬，然后围着铜像广场走了一圈。这个仪式就算结束了。早几年，韶山刚刚开始搞这个活动，广场上的人尽管多，但还是能走到铜像那里的。后来就不行了，来的人逐年增多，慢慢地就不让靠近铜像了。再到后来，基本上要被人挤着抬着才能走到铜像下面的台阶了。这一切都来源于人民对伟大领袖毛主席的崇敬和爱戴之情。

拜寿过后，我们就陆陆续续走向停车场。等大家到齐了，才发现出口停满了车，我们的车子根本无法开出停车场。好在附近有个烤红薯的摊子，大家买了几个红薯，分食，暖暖身子，坐在车上等，足足等了一个多小时，才缓缓开出来。我们出韶山时，对面是源源不断进韶山的车流，这个盛大的节日比过年还热闹。返校后已经凌晨2点多了。从那年开始，我们就根据经验转变了做法，把车停在景区外面，步行进去，这样返程就会快很多。

随着国家加大环境保护力度，从2014年开始，景区不再允许燃放烟花爆竹，工作人员为拜寿的人们免费提供了菊花。为减轻景区的交通压力，景区也在活动当天进行交通管制，参加活动的人员需乘坐换乘车进入景区。

从2016年起，我开始协助组织韶山活动。之前的活动场地都在景区外，到广场路程较远，为保障整个活动顺利进行，从这一年开始，我们选择将景区内的农家乐作为活动场地，当年定的是韶山景区北入口处的和园酒店（现在已改为一个红色俱乐部了）。这次一共40多人参加。酒店给我们提供了几间娱乐室，没有其他的活动场地。

饭后，大家搞了一会儿娱乐活动，就突然停电了。外面下着小雨，气温很低，老师们没别的地方可以去，只好三五成群地围着酒店提供的煤炭烤火炉取暖、聊天，还有老师买来零食和大家一起分享。

袁校长看到这个情况后说，明年要联系一个能提供更多活动项目的地点，另外提前准备一些小吃、水果和娱乐活动工具。于是从2017年开始，我们在活动当天采购水果、小吃，同时为老师们提供了更多的活动项目，包括KTV、乒乓球桌，还从学院借来了象棋、跳棋等活动工具。

10点左右，我们集合。由于天气冷，加上之前把车开进景区的痛苦记忆，所以校长让我们一起走路，步行去铜像广场。饭店离广场大约6公里，步行大约1小时。我们绝大多数都坚持走了下来，也有几个人是偷偷打车的。走了一路，发现这条从水库到景区的路，只有韶山本地人知道，车并不多，所以返程时我们把车开到景区，接上大家回了学院。

2017年，我们活动地点定在了离铜像广场更近的韶之旅酒店。这一年，景区规定严禁外来车辆入内，所有活动人员必须乘坐换乘车进入；我们参加的人数也增加到了 89 人，是 2016 年的一倍，活动组织难度加大了。我们约定，老师们参加完铜像广场活动后，12 点 30 分在换乘车乘车点集合，但还是发生了意外。那天，王洪仁主任走错了路，没有及时赶到乘车点，我便去找，好在有惊无险，找了 20 多分钟终于找到了。

　　那几年，队伍大了，人也多了，偶尔会出现险情，有一年差点"丢"掉卢长晖，还有一年由于天气寒冷，刘如生院长着凉了，回校几天都不舒服，生病住院了，好惊险。

　　十多年了，每年的 12 月 25 日已成为学院教职工的重大节日，参加韶山拜寿活动的人数由 20 多人增加到现在的 100 多人，从一台中巴车，到两台大巴车。在韶山，我们缅怀主席，给主席拜寿；我们欢聚一堂，吃饭交流，同事间更加熟悉，增进了了解。对我们来说，韶山活动既是一场精神洗礼，更是一场励志教育，大大增强了学院的凝聚力和战斗力。"为有牺牲多壮志，敢教日月换新天。"伟大的韶山精神就是湖南吉利职院的精神源泉。

　　作者简介：谭斌，2011 年 12 月 1 日入职，先后任招生办招生专员，后勤服务中心采购科科员、科长，现任后勤服务中心副主任。

下编　探索

<h1 style="text-align:center">第四章 产教融合</h1>

我与产教融合的故事

刘玄

  不知道从什么时候开始，我对教师这个职业充满了期待和向往。2013年6月18日，我离开了工作三年的比亚迪汽车公司，来到湖南吉利职院，从企业转战学院，成了一名高校教师。这一天是我入职的第一天，也是我与产教融合结缘的开始，至今已有十多个年头了。

  来校后，我承担的第一门课是"汽车结构与拆装"。这是一门理实一体课程，也是一门专业性比较强的核心课程，对于没有教学经验的我来说，是一个不小的挑战。我时常以自己是一名大学教师来督促自己、鞭策自己，为了心中的那份情感和责任，我扎扎实实地备课、勤勤恳恳地学技能，努力夯实教学基本功，成功转变了自己的身份。由于我在汽车企业工作了3年，对汽车的构造、生产工艺有较多的实践经验，这些经验为我的教学提供了很多素材，让我第一次上课就能得到学生的喜欢和较高的评价。任教的第一学期，我就作为年轻教师代表在多媒体教室分享经验。这让我意识到企业工作经验能使我的课堂更加生动，企业和学院的结合是有助于教学的。于是我带领学生到湘潭吉利工厂和4S店参观，以此来丰富我的课堂。在学生培养过程中加入企业元素，这就是我早期对产教融合的认识。

  2014年6月，学院召开了一次人才需求和人才培养方案讨论会，邀请了吉利临海工厂、吉利湘潭基地、长沙比亚迪、长沙大众、株洲北汽等企业参加，主要讨论了企业的人才需求以及企业对人才的要求。令我印象最深的是企业对学生培养的要求提得最多的是能吃苦、服从安排。这与我的教学理念有很大的冲突，我一直觉得学生来学院最重要的是掌握一门技能，学好技能以后就好就业，甚至创业，而这么多企业对学生的要求与我想象中的完全不一样，甚至有企业说，技能在厂里面培养，而且在岗位上能很快地培养出来，学院应该重点培养学生的素养、工作态度、职业操守。仔细思考之后，我发现，确实如企业讲的那样，在学生培养环节，学院应该重视学生职业素养的培养。这次会议让我对学生的培养有了新的理解。培养什么样的学生不是教师自己"认为的""想象的"，而是要符合社会、行业、企业"需要的"，企业对学生的要求是我们培养学生的目标和方向。

这次会议后，宁同海教授组织我们修订了汽车制造与装配技术专业的人才培养方案，将企业对人才的要求融入人才培养方案中，将汽车制造工艺、焊接技术、涂装技术等专业性很强的课程全部优先安排企业的一线技术骨干来承担。从这个时候开始，我们学院的专业课程就一直保留了这个传统，也就是专业课优先由企业选择承担，企业选择完我们学院老师再选。这时候我对产教融合的理解不再只是融入企业元素了，而是要让企业参与人才培养，充分利用企业对人才的要求指导我们的教学。比如学院后来大力开展农场劳动、素质拓展，通过劳动教育、素质拓展等活动来培养学生爱劳动、肯吃苦、团队协作等素养，我想这也正是产教融合的目的，让学生更能符合企业对人才的需求。

不知道什么时候开始，"校企合作"育人，成了校企"双主体"育人。第一次看到这个词是在学院招生宣传手册上，我就意识到，产教融合"进化"了，企业参与人才培养的程度越来越深了。校企"双主体"育人是要充分发挥企业在办学当中的主体作用，对于本身就是企业举办的湖南吉利职院来说，这个说法太贴切了。职院的产教融合模式从这个时候开始逐步确定下来，形成了一套我们特有的"产教融合"特色。从专业申报、校企联合制定人才培养方案、校企共同承担学生培养任务，到最后的学生实习、就业，企业参与了学生培养的全过程。在学生培养的全过程中，我们制定了一系列的制度来规范和保障我们产教融合的实施，比如《人才培养方案修订管理办法》《企业兼职教师认定与管理办法》《学生实习管理办法》等。

产教融合变成了我们的常态工作，坚持了多年，直到有一天，它实现了"全面升级"。2020年底的宜春跨年会上，袁校长提出了"稳住传统赛道，突破新赛道，全面树品牌"的工作总方案。传统赛道是我们一直坚持做的工作，保证学院办学符合政府的各项要求；新赛道是要开辟新的战场，寻找我们自己的特色，而新赛道之一就是"产教融合"。在我们这么多年的坚持下，产教融合已经融入我们的骨子里，积累了丰富的经验。这个时候我突然意识到"坐守金山不自知"，学院有着这么大的优势，我却一直没有深挖它的价值……产教融合是我们最大的优势，它已经不仅仅是坚持常态化的工作了，而是要作为学院的一个品牌、一张名片去经营。

醒悟之后的我开始挖掘企业办学这个宝藏，而且越挖掘越后悔，后悔以前没有想到充分利用学院的优势，而是挤破脑袋去不擅长的领域拼搏，最终收获寥寥，事倍功半。当然后悔的同时也很兴奋，兴奋我们比别人在产教融合方面具备更大的优势，大有可为。于是我们开始了新一轮的产教融合规划。

查阅资料、走访企业、同行交流、总结以前的产教融合开展情况，经过半年的谋划，2021年10月，我们完成了产教融合实施方案，提出了1+X证书试点、薪火计划、与企业开展横向课题、共同举办产业工人技能竞赛、研究产业工人队伍建设等并得到了吉利湘潭基地的认可，学院和吉利湘潭基地立即组织了研讨会，学院执行校长刘国繁教授、副校长赵俊锋教授，吉利湘潭基地的陈磊总经理、朱俊民副总经理、人力资源部李蓉部长以及各个厂部负责人全部参加了研讨会。会上，陈磊总经理说到，吉利湘潭基地愿意配合学院全面深化产教融合，以一个个项目的形式，将产教融合落地、落实、落深，而且当场就确定了公司方面由李蓉部长作为负责人，同时提议成立产教融合办公室，在公司单独设立一个办公室用于学院教师的办公。

在校企双方的共同推动下，2022年1月22日，我们在吉利湘潭基地召开了产教融合第一次例会，并正式成立了产教融合办公室，学院副校长赵俊锋教授、吉利湘潭基地人力资源部李蓉部长两人任办公室主任，成员包括职院教务处处长、二级学院院长、吉利湘潭基地各分厂厂长等。这次会议明确，每年校企双方要协商好产教融合年度目标和计划，每季度召开一次产教融合例会，汇报项目开展情况等。这次会议还正式确定了薪火计划、"1+X"证书制度试点、企业工匠大师进校园、校企双师型人才库建设、结对课题研究等十二个项目。

当前，学院的产教融合早已不再是以前粗犷式的校企合作了，现在的产教融合有项目、有成果，有了更加完善的实施方案和制度保障，更重要的是形成了一个双赢局面：企业对高质量技术工人的需求得到了满足；学院培养的学生更适应企业需要，同时也在这个过程中培养了师资，学院的需求也得到了满足。

产教融合要长久，最关键的是如何形成双赢局面，这是我这么多年下来感悟最深的一点。学院具备企业办学这样一个天然的优势，再加上这么多年的实践和探索，形成了良好的校企双赢局面，我相信我们的产教融合会越来越精、越走越远。

作者简介：刘玄，2013年6月18日入职湖南吉利职院，先后任汽车工程系专业教师、实训中心教学秘书、副主任、主任，新能源汽车系主任，汽车学院院长。2022年入职湘潭理工学院，先后任汽车工程学院院长助理、副院长。

"1+X" 证书制度试点

刘玄

在学院 12 个产教融合项目里，我参与最多是"1+X"证书制度试点项目。2019 年，学院组织我们学习《国家职业教育改革实施方案》，也就是我们常说的 "职教二十条"，我第一次接触到 "1+X"，通过查找相关资料知道了 "1+X" 证书制度是 "学历证书 + 若干职业技能等级证书" 制度，是国家为了深化产教融合在职业院校、应用型本科高校启动的教育改革试点。2020 年 7 月，教育部等部门联合印发《关于在院校实施 "学历证书 + 若干职业技能等级证书" 制度试点方案》，部署启动了 "1+X" 证书制度试点工作。

学院新闻中心傅瑶主任和我做过一次关于教师成长的交流，当时是在新能源汽车系的办公室里，我们讨论后认为，应该利用学院企业办学的优势和吉利集团开展 "1+X" 试点，让集团参与技能等级的鉴定。吉利集团作为行业的龙头企业，鉴定的证书会被同行认可，那么我们的证书就会变得有价值，学生就会认真学习、积极考证。"1+X" 证书制度要长久下去，一个必要条件是证书要有价值，没有价值的证书、不被行业企业认可的证书，考再多都是没用的。那我们要不要和集团一起开发 "1+X" 证书呢？其实我很早就有这个想法，且随着时间的推移，这个想法逐渐变成了实施方案，在与袁校长的一次交流中，这个方案被认可，学院的 "1+X" 证书制度试点也就正式启动了。

此次我们开展 "1+X" 试点工作总的思路是先与湘潭基地开发证书并进行试点，完善后再向吉利集团其他基地进行推广。2022 年 1 月，寒假期间，我们成立了 "1+X" 项目组，成员包括学院的教师和企业工程师以及技术骨干。学院除了我以外，还有唐振、王明军、刘欢、唐山红，企业有刘磊、黄兰全、李梦轩。项目组办公地点就设在吉利湘潭基地会议室。

团队成立后的第一次会议重点讨论并确定了以总装厂为研究对象，开发汽车装调技能等级证书的事项，同时对项目的开发任务进行了详细的分工。会议结束后，我们立即前往总装工厂，开始岗位调研。刘磊、李梦轩带着我们几个人把总装所有的岗位都走了一遍，介绍了典型的岗位工作内容、难易程度，同时也参观了总装厂的培训道场。他们的培训道场有个很有意思的名字，叫"王者训练营"，里面分了青铜、黄金、钻石、王者等几个训练区，对应不同难易程度的训练。这非常契合现在年轻人的口味，这样的等级递进方式，更容易激发年轻人的兴趣。总装厂的岗位操作内容主要包括规格选择、紧固、接插、软管连接、硬管连接、卡扣嵌入、堵盖嵌入、密封条嵌入，这构成了总装工厂岗位操作的"十二基本特性"。其中前 5 个特性是关键特性，这些特性的属性以及数量代表了岗位的复杂程度，于是我们将岗位按照是否包含关键特性以及包含特性的多少分为 A、B、C 三类。C 类岗位是最简单的，包含 2 个特性；B 类岗位包含 2 个及以上的特性，其中 1 个必须为关键特性；A 类岗位包含 2 个及以上的特性，其中至少有 2 个为关键特性。按照这样的分类方式，总装厂共有 A 类岗位 88 个、B 类岗位 24 个、C 类岗位 265 个。

接下来是制定技能等级证书的标准，制定标准是整个项目里面关键的一环，因为这涉及企业认不认可的问题。"将证书的等级划分与员工掌握岗位的数量以及熟练程度挂钩"，在第二次的项目组会议上，吉利湘潭基地的刘磊经理说道。证书的标准定低了，企业不想认；证书标准定高了，学生考证难。经过讨论，这个标准还是由企业方来主导，就如前面讲的，企业认可的证书才有价值，证书标准应该由企业来认定。证书的等级通过员工掌握岗位的数量和熟练程度来鉴别，这样能准确反映出员工技能高低，同时也符合工厂的用人理念。于是，我们便以这样的思路来制定技能等级证书的标准。这项关键工作由唐振接了下来，马上就要过年了，唐振同志还是不负众望，只用 3 天时间就草拟了一份汽车装调工的等级标准，而且方方面面都比较完善，经过简单的修改，在第四次项目会议上，这套标准被确定了下来。

标准有了，我们便开始构建培养体系，也就是按照这样的技能标准去构建学生培养方案。比如在岗位标准里面有职业素养的目标要求，于是在我们构建的培养体系中，便有企业文化、职业素养、生产实践以及奋斗拓展等许多元素来支撑这一培养目标。经过商讨，我们最终确定了 10 个项目来达成培养目标，包括汽车装调基础、企业文化、职业素养、职业规划、质量管理、HSE（安全与法规）、"十二特性"训练、典型岗位训练、生产实践以及奋斗拓展。这 10 个项目里面既有理论授课，也有实践训练以及岗位实习。

到了这一步，"1+X"证书的试点框架基本就搭建好了，就可以对照框架配置相应的培训资源了。由于接近年关，项目组决定先各自回家过年，但过年期间要完成一项重要任务，就是把培训资源整理出来，因为过完年一开学我们就要进行试点了。记得临走时，吉利湘潭基地为了感谢我们这段时间的付出，给我们每人发了个过年礼包，我也给我们项目组成员每人准备了一箱水果，感谢大家在这段时间里的辛苦付出。项目组的每个人都挺开心的，这份开心当然不只是因为礼包和水果那么简单，而是大家都觉得这是一件很有意义的事，为这样一件有意义的事奋斗是值得开心的！

培训的资源包括理论课的课程标准、课件、视频，实操课的视频、作业指导书、岗位考核标准、考核题库等。资源的开发和整理是件繁琐的工作，也是这个项目里工作量最大的一项工作。王明军、刘欢、唐山红充当了这项工作的主力军，三个人利用寒假差不多 1 个月的时间，将这项工作全部完成。

所有的开发工作基本完成了，开学后，我们开始联合吉利湘潭基地改造学院的培训场地。培训场地需要按照证书要求的技能点进行设计，包括总装厂"十二基本特性"训练场、典型岗位训练场等。以唐振同志为主导，在吉利湘潭基地 3 名骨干人员的协助下，前后大概花了半个月的时间，培训道场全部改造完毕，接下来就等着试点了。

试点工作是由王明军主持的。整个试点工作包括试点报名、开班、理论培训、实操培训、岗位实践、证书鉴定六个环节。174 名学生报名参加了"1+X"试点班。2022 年 5 月 23 日，"1+X"证书试点培训班开班仪式在 2 教报告厅举行，在开班仪式上，我重点介绍了"1+X"的内容及意义。吉利湘潭基地人力资源部部长李蓉给学生们讲解了公司开展"1+X"的具体做法，特别是对拿到证书的同学的优待政策，比如实习期由 3 个月缩短至 1 个月，实习期工资待遇为 80%，入选储备班组长等，进一步激发了学生的学习兴趣。

开班之后就是正式的培训了。理论知识方面，由学院和企业共同承担，学院教师给同学们培训汽车装调基础理论知识，公司内训师给同学们培训安全、文化、质量管理等理论知识。由于是首次试点，实训课也由企业承担了，学院选拔了徐宇豪、朱苏俊、武少军等一批年轻教师一同参加了培训，让他们掌握"1+X"的培训项目和培训方法，为今后承担"1+X"的实训任务打下基础。整个培训过程中，培训班每天会对学生进行考核，既保证培训质量，也是对学生的一种督促。最终，80 多名同学完成了所有培训任务。

这 80 多人即将派到岗位上进行实践锻炼，掌握岗位技能。因为学生要考的是汽车装调工的初级证书，要求胜任一个 C 级岗位即可，因此被安排到了总装厂各个 C 类岗位上进行锻炼。

岗位实践后，由企业认定学生能否胜任岗位，能胜任岗位的才可以报名参加技能等级证书的鉴定考试。鉴定考试分为理论考试和实操考试。理论考试是根据平时上的理论课内容出了一套理论题库，从题库中随机抽取题目进行考试。实操考试是从实操题库中抽取题目进行考试，考试内容包括十二特性考核、综合岗位考核。只有理论和实操考试都合格的同学才能拿到证书。经过鉴定，最终有 72 名同学获得了证书。

吉利湘潭基地反馈，这 72 人中有 40 多人留在了吉利湘潭基地，而且表现都非常不错。其中一部分人参加了吉利汽车集团第七届"技能新星"比赛。虽然他们工作时间很短，经验也较少，但依然有 6 人获了奖。这批学生工作态度主动、肯吃苦、有担当，很快成了公司一线的生力军。

"1+X"证书的试点就这样结束了，整体上是成功的。但第一次试点，时间紧，任务重，不足的地方还不少。后来我们和吉利湘潭基地一起开了复盘会议，回顾整个试点过程，找出存在的问题。总结起来就是培训过程不细致，比如日常考勤、培训课效果评价不完全；制度还不完善，比如企业教师的课时及管理办法等；资源还不充足，比如技能训练上的视频资源少等。复盘结束后，我们针对问题提出了相应的解决方案，一一改进。一分耕耘、一分收获，目前我们已经形成了一套制度汇编、一套培养鉴定体系、一套培训资源，整理后有 600 多页、近 19 万字的"1+X"项目实施过程材料和记录，下一步，我们计划在吉利集团其他基地进行推广。

作者简介：刘玄，2013 年 6 月 18 日入职湖南吉利职院，先后任汽车工程系专业教师、实训中心教学秘书、副主任、主任，新能源汽车系主任，汽车学院院长。2022 年入职湘潭理工学院，先后任汽车工程学院院长助理、副院长。

全国产业工人队伍建设改革试点始末

陈华宏

2020年5月：接到通知

2020年5月中下旬的一天，学院突然接到吉利集团的通知，让我们参加全国新时期产业工人队伍建设改革试点。接到这个消息，大家都感到很突然。拿到全国总工会转来的文件后，袁校长组织大家学习，抓紧制定方案。

国家非常重视新时期产业工人队伍建设工作。中共中央、国务院在《新时期产业工人队伍建设改革方案》中明确提出，要把产业工人队伍建设作为实施科教兴国战略、人才强国战略、创新驱动发展战略的重要支撑和基础保障，纳入国家和地方经济社会发展规划，造就一支"有理想守信念、懂技术会创新、敢担当讲奉献"的宏大的产业工人队伍。职业院校作为培养产业工人的重要阵地，肩负着培养产业工人"后备军"重要的职责。湖南吉利职院作为职业院校的代表，被全国总工会推进产业工人队伍建设改革协调小组选为项目试点单位。

大约一周后，袁校长组织起草了《促进产业工人队伍建设改革试点工作方案之职业院校改革试点方案》，报全国总工会推进产业工人队伍建设改革协调小组后，很快获得了批准，学院随即启动了相关试点工作。

2020年6月：正式启动

2020年6月2日，学院召开了"推进新时期产业工人队伍建设"改革试点启动大会，当时的院党委书记王卫军主持大会。会上，袁校长对推进产业工人队伍建设改革试点工作进行了统一部署，要求全体教职工提高政治站位，深入学习习近平总书记关于加强新时期产业工人队伍建设的重要指示精神；要深怀对工人阶级的深厚感情，根据党中央对新时期产业工人"有理想守信念、懂技术会创新、敢担当讲奉献"的要求，按照全国推进产业工人队伍建设改革协调小组批准的《促进产业工人队伍建设改革试点工作方案之职业院校改革试点方案》，结合学院"好品格、好习惯、好技能"的"三好教育"理念，从理想信念教育、奋斗者精神和工匠精神教育、技能与创新教育等三个方面，加大教育教学创新力度，深耕细作，按时按质、不折不扣地完成试点任务，努力探索一条新时期产业工人队伍培养与建设的新路子。

为加强对改革工作的组织统筹和协调推进，学院成立了新时期产业工人队伍建设改革工作领导小组，并按照《促进产业工人队伍建设改革试点工作方案之职业院校改革试点方案》分解改革任务，成立理想信念教育、奋斗者精神和工匠精神教育、技能与创新教育三个工作小组，并制定了各工作小组改革任务的初步实施方案。

2020年8月：开始实施十项重点工作

2020 年 8 月 6 日—7 日，学院赴江西萍乡开展调研。在当地矿务局的支持下，大家参观了萍乡安源路矿工人大罢工旧址，并召开了新时期产业工人队伍建设改革试点工作推进会，研究了各小组制定的实施方案细则，最终确定了学院产业工人队伍建设改革的十项重点工作。

理想信念教育部分，主要包含加强党史、国史教育和加强雷锋班建设两项重点工作。

党史、国史教育主要开展"一门课、一场赛、一部剧、一本书"的"四个一"活动。"一门课"即通过改革党史、国史的授课方式，围绕"为什么只有共产党才能领导中国"主题，以湖南历史人物如毛泽东、刘少奇、彭德怀，以及曾国藩、谭嗣同、黄兴、宋教仁等为主线，运用讲故事的教学方法，激发学生对党史、国史的学习兴趣；"一场赛"是在"一门课"的基础上，引导吉利学子主动发掘自己家乡的近现代著名人物、历史事件，采用微视频、PPT、文字说明等多种形式参加比赛，讲述自己家乡的人物和事件，使学生有更好的真实感和融入感，由被动学习转为主动学习，增强爱家、爱党、爱国的情怀；"一部剧"则是引导学生线上观看电视连续剧《走向共和》等影视作品。"前事不忘，后事之师，"引导学生通过观看影片了解中国近现代史，理解"只有共产党才能救中国"的内在逻辑和道理，培育学生的爱国情感，增强学生的民族自尊心和自信心，让学生发自内心地维护国家统一、民族团结，传承和弘扬中华民族精神；"一本书"则是由马克思主义理论教学部整理出来的习近平总书记关于青年学生成人成才的系列讲话，以指导青年学生坚定理想信念，练就过硬本领，积极投身实践。

学院于2015年创建了雷锋班，主要目的是宣传雷锋精神，促进青年学生健康成长；培养一批优秀学生，在不断提升自身综合素养的基础上，带头践行学院"三好教育"理念，起到传帮带的作用。雷锋精神教育是学院"三好教育"理念中"好品格"教育的重要抓手，同时也完全契合产业工人队伍建设改革对理想信念教育的要求。将雷锋班建设纳入产业工人队伍建设改革项目后，我们对雷锋班的重点工作进行了梳理完善，包括充分发挥雷锋班的引领示范作用，进一步扩大社团规模；推进学雷锋活动常态化、机制化，形成具有学院特色的志愿服务活动体系；践行雷锋精神活动，如钉子精神、工匠精神、奉献精神等。采取的主要措施有：雷锋班成员带头在每个班宣传雷锋精神；开展"文明车站""敬老爱老""清洁社区""快乐义工""雷锋精神宣讲"等常规志愿服务；每个学期都组织30公里拉练；每年参加湖南"百公里毅行"活动，两天内徒步百公里等。

奋斗精神和工匠精神教育方面主要开展了自控力训练、劳动教育、励志教育、6S管理等4个项目。

自控力训练采取学生自愿报名的方式，每期训练周期1个月，每班20人，由学生处心理中心负责。不少学生反映，通过坚持练习，他们已经明显能克服内在的冲动，忍受挫折、抵制诱惑的能力也有所提升，开始尝试制订并执行计划，对良好行为习惯的养成有很大帮助。

办好职业教育，首先要让学生对劳动有正确的认识。这个问题不解决，职业教育就是空谈。为此，学院先后开设了"开心农场""义工劳动"等项目，培养学生劳动兴趣，增强学生劳动素养，成为最受学生欢迎，参与度、热度最高的劳动"大小王"品牌。"开心农场"项目开始于2014年，学院从校内选择了约20亩地，开辟了"开心农场"，每个班级一块地。学生负责平整、种植、锄草、浇水、施肥、采收果实、记录和总结种植经验等，见证农作物的生长过程，从劳动中体验生活的艰辛和快乐。"开心农场"收获的瓜果蔬菜，由班级同学分享，有的送给了教师，作为感恩礼物；有的卖给了食堂，积累班费；有的直接找饭店做成菜，班级同学聚餐，享受自己的劳动果实。开心农场项目让广大同学享受了劳动的乐趣和成果，对学生价值观的形成产生了重要影响。"义工劳动"开始于2015年，根据吉利控股集团的精准扶贫计划，学院招收了755名建档立卡家庭学生，免除全部学杂费用，每月发放300～500元生活费。为了贯彻落实习近平总书记"扶贫要与扶志、扶智相结合"

的精神，克服"等靠要"思想，学院设立了"义工劳动"项目，获得资助的同学每天都要参加半个小时的义工劳动，劳动内容分为打扫厕所、卫生保洁、图书馆管理、多媒体教室维护等，学生在网上自愿申报选择。义工劳动引导学生养成了感恩意识、公益意识和励志精神，保护了学生的自尊心，让他们在劳动中受到了教育。目前，学院教学楼、实训中心等公共厕所都是由学生自己打扫，校园区域也全部由各班级划分为责任区域，全部由学生负责清洁工作。2018年12月18日，在总结多年来开展劳动教育经验的基础上，学院发布了《劳动教育大纲》，正式将劳动教育纳入人才培养体系，贯穿教育教学全过程。2020年，根据新时期产业工人队伍建设改革试点的要求，学院对《劳动教育大纲》进行了进一步的完善和细化。劳动教育已成为学院的重要品牌。通过劳动教育，让学生在实践中形成理想信念，在劳动中讲究担当和奉献，在岗位上琢磨技术和创新，为新时代产业工人队伍的培养与建设探索了一条新路子。

励志教育主要采取的措施有邀请企业工匠、学院优秀毕业生来校分享成长经历，用一个个鲜活的实例，激发学生积极向上的乐观心态；开设心理学讲座，对学生心理进行积极疏导；开展励志青年评选工作，树立标杆，起到示范引领作用。

6S管理方面，落实"整理、整顿、清洁、节约、安全、素养"的基本要求，建立长效机制，养成行为习惯，最终达到"环境整洁、物品整齐、素养提高、形象一流"的良好效果，实现育人环境与个人综合素质的全面提升。实训中心通过组织教师外出培训、学习、调研，根据学院实际情况编写了《6S管理手册》，广泛组织动员全院教师开展6S管理专题培训，制定了《6S管理实施方案》;学生处发布了《学生宿舍6S管理办法》《学生宿舍6S管理教育指导手册》。通过进行定时检查与不定时抽查，长期坚持，6S管理实现了由表及里，由粗到精，从形象改观到内涵提升的转变。

技能与创新教育由以赛促学和创新教育两个项目构成。以赛促学重在提升学生的学习积极性，所有课程，包括各类专业课和基础课均贯彻执行。通过比赛，有效带动了学生对技能学习的热情。自2021年以来，学生先后获得了国赛金奖1项，三等奖1项，省赛一等奖2项，二等奖4项，三等奖10项;吉利集团比赛一等奖8项，二等奖13项，三等奖21项的好成绩。创新教育主要由实训中心负责，成立了创客中心，由教师到吉利公司接取技改项目，以招募学生加入小组共同完成的形式开展。目前已有多个项目在实施过程中。

2021年3月：入选全国典型案例

项目试点工作为期 1 年，2021 年 3 月，学院向全国总工会推进产业工人队伍建设改革协调小组报送了试点工作总结和试点案例，学院案例"把劳动教育融入人才培养全过程"成功入选由推进产业工人队伍建设改革协调小组办公室主编的《产业工人队伍建设改革试点案例汇编（第 1 辑）》，作为全国试点 23 个典型案例之一面向全国推广。

此次试点工作，进一步把职业教育和产业工人队伍建设结合起来，深化了我们对职业教育的认识，进一步明确了职业院校的新使命，对我们推进产教融合产生了积极的作用。

作者简介：陈华宏，2011 年 11 月入职湖南吉利职院，先后任实训中心教学秘书、汽车工程系主任、院长助理、副院长。2021 年入职湘潭理工学院，任人事处、教务处处长。

小工匠的大梦想

傅瑶

"一线是最能锻炼人的地方，唯有掌握了一线才能掌握一切。"陈益民始终记得李书福董事长来学校时送给广大同学的这句话。他把这句话当成了座右铭，坚信能在一线干出一番成绩。

2019 年 6 月，陈益民从学校毕业进入吉利汽车湘潭基地，到 2020 年 10 月，他获得首届全国机械行业班组长管理技能大赛二等奖，被授予全国机械行业"优秀班组长"称号。短短的一年多时间，他是如何做到的？

最年轻的"全线通"：将热爱进行到底！

1998 年出生的陈益民，有一股初生牛犊不怕虎的劲儿。

"汽车，不就是四个轮子加两张沙发吗？！"2016 年 9 月，陈益民考入学院汽车制造与装配技术专业，了解了吉利和李书福的造车传奇后，从小热爱汽车的陈益民，一头扎进了汽车堆里。

除了吃饭、睡觉和上课的时间，他几乎都泡在学院实训中心，把一台台的教学用车拆了装、装了拆。这还不过瘾，他又和几个志同道合的同学组建赛车协会，四处搜罗边角废料，节省零花钱购买零部件，硬是捣鼓出卡丁车、原子能车，"突突突"地满校园开着跑。

不仅爱琢磨汽车，陈益民还担任了学院第三届雷锋班的班长。雷锋班是学院为了培养学生敬业奉献精神、践行社会主义核心价值观而成立的社团。这是一个由学生自我管理的社团，其主要宗旨是宣传爱党爱国、敬业奉献的雷锋精神，组织大家学雷锋，做好事、讲奉献、不计个人得失，干一行、爱一行、钻一行、专一行。凡成大事者，必有超越金钱之追求。让这种品格入脑入心入行，既是雷锋班的目标，也正是培养新时代工匠的必然要求。陈益民带领雷锋班 200 多位同学，起早贪黑，刻苦训练，服务四方，乐于奉献，练就了品格，磨练了意志。

学院好品格、好习惯、好技能的"三好教育"理念和校企"双主体"育人模式让陈益民受益良多。课堂就是车间，课程就是生产一线的实际问题，专业课老师大多来自生产一线，既有专业技能又有理论造诣，让他在校期间就学到汽车专业最前沿的理论知识和技术技能。

2019年6月，陈益民以优异的成绩从学校毕业，进入吉利汽车湘潭基地。他主动要求到厂部装配岗位锻炼，又开始了不断学习的过程，从理论课程到物料管控、现场提升、质量改进、安全巡查、设备维护等一项项业务知识、一次次现场演练、一场场对标学习……他利用业余时间很快掌握了40余个岗位、500余种零部件的装配工艺，成了厂部最年轻的"全线通"。

2020年7月，入职刚满一年时间，陈益民被提拔为吉利湘潭基地总装厂精益改善班班长。通常情况下，吉利员工晋升班组长需要5年，正是吉利职院这种特殊的培养模式，让陈益民大幅缩短了适应岗位的时间。21岁的陈益民，工作劲头儿更足了。

改善达人：方法总比问题多！

吉利汽车湘潭基地搭载吉利先进的BMA架构，拥有国际领先的汽车生产工艺，可实现1.4 T、1.5 T、PHEV插电式混动、MHEV轻混等不同车型共线生产，年产整车可达30万台。

随着湖南省委省政府实施"三高四新"战略和工业互联网、智能制造时代的到来，湘潭基地正在向现代化智能工厂转型升级。为满足消费者对汽车个性化、定制化的需求，适应小批量、多品种、快切换的柔性化生产模式，基地内部涌现出以小组为单位的技术创新、科研攻关浪潮。

早在学院学习期间，陈益民就熟悉了汽车制造与装配工艺，在实习期间就开始了技术革新方面的探索，进入湘潭基地工作更为他的技改和精益化改进提供了条件。他赶上了好时代。

通过工作现场调查分析，陈益民发现，总装厂的发变合装线从东到西共计工位23个，线体总长36.4米，集合219种零部件。由于存在物料捡配区域规划、配送形式、器具设置不合理三方面主要问题，这条生产线库存浪费严重，错漏装问题频繁发生，物料SPS配载率为0。

怎么改善生产现状？陈益民领队成立了由总装、物流、工艺、质量等多个模块专业人士组成的精益卓越改善小组，在班组内确立"不懂就问，不会就查；坚持实干，拒绝空想；积极对标，持续改善"的工作准则，对照现场生产实际，反复研究讨论解决方案。

未规划捡配区域这一问题好解决，只需将原有动力班组原地进行搬迁，并将此区域规划为线体 SPS 捡配区域，满足 SPS 检料区空间需求即可。

而物料配送形式差异与器具设置差异这两个问题，着实把陈益民小组难住了。原计划采取对外招标的方式寻求快速解决，但供应商报价竟高达 45 万元。再次对标其他车企，也无现成模式可供参考。想把这个事干下来，实在是太难了，想花小钱把事办了更是难上加难。

就在项目陷入困境一筹莫展之际，精益办肖柳青科长的一句话启发了他："既然无法对标，我们便自己立标。"对，就这么干！陈益民当即决定，班组团队自主研发"动力流水线 SPS"。

陈益民一手拿笔，一手拿尺，仔细绘制发变合装线双轨双向流水线草图。首先，在线体单侧搭建高 0.6 米、长 30 米、宽 0.75 米的双向流水线，由西往东一侧为备料缓存区，由东往西一侧为员工拿料区，采用滚轮滚轴进行传输，满足物料输送需求；其次，通过利废利旧对报废器具进行改造，制造一款兼顾物料上线与空料盒下线回收的双向料车器具；再有，根据物料大小、重量、形状等外观属性及防尘、磕碰、划伤、进尘等质量属性设计双层仿形捡配料架，外观采用防锈漆涂抹，内侧采用软质材料包裹覆盖，在满足生产需求的同时保证产品质量。

物料车设计制作出来了，可是物料车怎么持续上线？怎么实现转向？怎么保证运行？这些又成了摆在陈益民小组面前新的难题。"只要思想不滑坡，方法总比问题多！"陈益民的牛犊子劲儿又上来了。

根据实际使用需求，改变原有上件区域结构，搭建一套末端高度自动调节上件结构，使料车能依靠自身重力下滑，实现自动上件；在线体末端，以现有备胎设备为模板，制造一款自动感应移栽结构，通过传感器配合实现料车自动转向；根据整体情况，在线体中段通过对闲置废弃电机的重新利用，设计一套随动式驱动结构，可根据线体运转情况实现自动运转，满足料盒驱动动力需求……

经过整整一个月的攻坚，陈益民小组自主研发的"发变合装线零部件 SPS 配载上线项目"顺利投产。项目总计投入 25000 元，实现 103 种 47% 零部件 SPS 集配上线，减少线旁库存 50%，规避质量风险点 20 余个，有效节约成本 43 万元。

技改狂人：根本停不下来！

这是一个精益求精的时代，一个高质量发展的时代。

有了发变合装线项目的成功经验，陈益民带领班组乘势而上，在随后的短短几个月里，相继在动力合装线、底盘一线、底盘二线、后桥线各线体开展了数个技术改善项目。"每个项目都要进行大量的数据调研、反复的实践验证，大家经常忙到深夜。"功夫不负有心人，他们的这几个项目都获得了成功，累计为公司节约成本逾百万元。

这些项目成功开展产生的"鲶鱼效应"，带动起工厂精益改善的浓厚氛围，创造了巨大的有形与无形效益。截至 2020 年 11 月，湘潭基地总装厂在效率、工艺、质量、环境、成本等多个模块共计提交员工改善提案 24952 条，八级及以上提案共计 4514 条，其中五级提案 224 条、四级提案 30 条，达历史最高水平。

毕业一年多，昔日里阳光帅气的"小鲜肉"陈益民已经逐渐褪去了脸上的稚气，成长得益发坚定、果敢、自信、神采奕奕。"我非常感谢学院好品格、好习惯、好技能的'三好教育'理念，磨炼了我的吃苦精神和扎根一线的意志，养成了我精益求精的习惯。"因表现优异，很多部门都期待他的加入，但他始终坚守，带着全部的热情与精力投身一线工作中。

通过不断地努力，陈益民先后荣获厂部"班组长技能大赛"冠军、"吉利湘潭基地班组长技能大赛"冠军等个人荣誉，并带领班组获得浙江省机械工业联合会质量信得过班组一等奖等大奖。

2020 年 10 月 17 日，由中国机械工业企业管理协会举办的 2020 年"红旗杯"首届"全国机械行业班组长管理技能大赛"在吉林长春举行，吸引了全国机械行业生产制造类 25000 多名班组长参赛。陈益民代表吉利汽车湘潭基地参赛，一路过五关斩六将，在大赛中脱颖而出，获得二等奖，被授予全国机械行业"优秀班组长"称号。

陈益民的路还很长，梦还很远……

"我要努力成为大国工匠，把自己的工匠梦融入中国制造业强国梦。"

职业教育的关键是产教融合。湖南吉利职院作为企业办学的典型，注重学生的品格、习惯和技能，注重校企"双主体"育人，实现校企无缝对接，培养了一大批像陈益民这样有梦想的学生。他们活跃在全国汽车行业，从一线出发，搞技改，做工匠，抓效益，保质量，他们是中国实现制造业强国的希望。

作者简介：傅瑶，2017 年 7 月 1 日入职湖南吉利职院，任新闻中心主任。2019 年 9 月入职湘潭理工学院，任校党委委员、宣传部部长、新闻中心主任。

第五章　职教改革

"技能新星"练兵记

刘玄

吉利集团为了提升员工技能水平，弘扬工匠精神，举办了一系列的"工匠杯"技能大赛。作为吉利集团举办的院校，湖南吉利职院自然要参与其中。

2017 年 7 月，学校已经放暑假了，我们接到了吉利集团关于举办吉利汽车"工匠杯"第五届汽车装调工大赛的通知。院领导高度重视，第一时间为我们协调了比赛用车。另外值得一提的是，教务处负责校企合作的黄星鑫老师无私地将自己的私家车提供给我们作培训用车，帮我们解决了一个大难题。

车的问题解决了，接下来就要组建队伍。大一学生还在打基础阶段，技能不足，培训难度大，大二学生比较合适，但都在外实习，队伍一时不好组建。为了保证参赛水平，我们思来想去，最后决定还是选择大二的学生。黄星鑫老师第一时间和学生实习的企业取得联系，临时抽调两名优秀实习生代表回校，参加培训并比赛。最终，远在浙江和江苏实习的陈卓、任多前两名学生响应召唤，迅速回校，开始了为期 10 天的集训。现在回想起那段集训时光，我的内心仍然澎湃不已。

在陈卓、任多前还没返校的那段时间，为了做好充分的培训准备，我认真研读了比赛技术文件并制定了集训方案，同时对竞赛用车的结构、控制电路进行了深入研究，总结了该车常见的故障现象和故障点……一切准备就绪，就等着他们返校了。

两位同学刚一到校，就被接到了实训楼开始接受培训，就如他们当时讲的，"脑袋还是懵的，思维还停留在实习岗位上，就这么开始了"。是的，由于时间短、任务重，十天的集训就这么开始了。

十天时间，每天的早上八点到晚上十点，每个小时每一分钟都被安排得满满当当：早晨先来一套理论试卷，然后是一整天的实操演练，晚上还要模拟答辩。

比赛是残酷的，既是技能的比拼，也是心理的 PK。对手很强大，都是优中选优的技术能手；机会只有一次，一旦失利，就要再等一年，这些都给参赛选手带来了巨大的压力。为了让两位同学摆正心态，自信备考，并在考场上发挥出正常水平，我还得当他们的"心理辅导师"。汽车技能的比赛，解决故障是重要内容，平时的训练中，我会设置一些"疑难杂症"，有意提升解决难度，目的就是让学生知道自己的差距，从而更加努力训练。在集训的最后一天，我给他们设置的故障则相对简单，让学生按照比赛流程顺利地完成几次热身赛，这样就能增强他们的自信，让他们以轻松的心态应对接下来的正式比赛。

正式的比赛其实一点也不轻松，也不可能轻松。比赛前一天下午的理论考试还可以，因为集训期间我们做了很多试卷，题海战术产生了积极效果，大家考得都不错。然而接下来的正赛就曲折多了。抽签的时候，教师组、学生组都临时增加了车型，我们的种子选手陈卓手气不佳，抽到了一个没有训练过的车型——博瑞。装调工比赛不同于其他比赛，选手对比赛车辆是否熟悉对比赛成败有至关重要的影响。种子选手抽到不熟悉的车型，我当时第一感受就是要"坏菜"……但是我们不想放弃，也不能放弃，还是要拼一把。大家研究后决定，还是要想办法拿到一台实车，利用最后仅有的一点时间，了解车型。带队组长赵俊锋副校长第一时间沟通联系，协调到一辆博瑞私家车。拿到车之后，我们立即又投入到了紧张的训练之中。因为有了前期的准备做基础，第二天凌晨 2 点多，我们终于基本熟悉了这款车的控制逻辑。之后的比赛就一切顺利了。

过程很艰难，但我们挺过来了。最终，我作为教师组参赛选手，获得了教师组第一名，并被授予"吉利集团育人标兵"荣誉称号；我指导的两名学生分别荣获学生组第一名、第二名，获得"吉利集团技能新星"荣誉称号。我们的付出换来了一份圆满的答卷。

当然，这次技能新星的"练兵"，只是学院实践育人的一个缩影。多年以来，湖南吉利职院充分发挥企业办学的优势，坚持"以赛促教、以赛促改"，将企业真实岗位的技能练兵融入教学之中，切实提升了学生的实践能力，培养了一批又一批实践能力过硬的技能人才。

作者简介： 刘玄，2013 年 6 月 18 日入职湖南吉利职院，先后任汽车工程系专业教师、实训中心教学秘书、副主任、主任，新能源汽车系主任，汽车学院院长。2022 年入职湘潭理工学院，先后任汽车工程学院院长助理、副院长。

周周比，月月赛

刘玄

"周周比，月月赛"作为湖南吉利职院教学改革的一项重点，来源于一场会议。2017 年元旦，一年一度的"宜春头脑风暴会"召开。会上，袁礼斌校长提出，在全校推行"周周考，月月赛，以赛促学"教学改革，改变学生的精神面貌。

激发学生学习兴趣

"让学生经常考试，经常比赛，题目要简单，让大家都考出好成绩，再做个大橱窗，把获得比赛名次的学生照片都挂上去"，袁校长在会上明确。

这样做的目的有两个：一是解决课堂的两大顽疾——玩手机和睡觉；二是让学生在考试和比赛中增强自信心，扔掉中小学形成的"差生"的帽子，从而激发学生的学习兴趣，调动其学习积极性。

头一次搞这样的教学改革，老师们热情很高。会后，我们马上组建了团队，成员有赵俊锋、刘欢、范晨晖和我。紧接着是选课程，"汽车维护与保养"课程以集中授课、实训为主，比较适合。团队和课程有了，还要有具体的实施方案、任务分工等。

第一次会议随即召开，没在专门的会议室，几个人就围坐在办公室门口的会议桌四周，正式确定了团队成员，并一一明确了项目目标、任务、分工等。我作为项目的负责人，主要负责制定实施方案和整个"以赛促学"项目的推进实施。

"周周比，月月赛"的载体是课程，如何把比赛融入课程，并做到以赛促学，是实施方案的重点。我们认真研究了课程，列出了所有的知识点和技能点，然后一一对应，设计出了比赛的项目，然后再把每天的考核，每周、每月的比赛写入授课进度计划表。同时，我们编写了比赛项目的具体工单和评分标准。

实施方案确定后，比赛所需的器材也很快采购到位。

一切就绪，"汽车维护与保养"课程"以赛促学"项目正式开始了。

每周五都是学生最开心的时候

根据实施方案，每周五所有上课的学生开展比赛，我们所有上课的老师，每周四下午下课后就布置好了考场。

一到周五，就是学生最开心的时候。8个工位，100多名学生，同场竞技，场面恢宏、热烈。上场比赛的学生紧张而激动，场下观赛的学生轻松欢快。每次比赛都会有学生充当解说，就和当时流行的游戏竞技解说一样，让竞赛氛围更加浓厚。现场时不时爆发出掌声和笑声。

五年制的学生基础弱、习惯差，老师们普遍反映，给五年制的学生上课，难！但老师们也一致认可，五年制的学生活泼好动，动手能力较强。周周比，月月赛的活动，五年制的学生最积极，进步也最大。

每次比赛完，我们都会让在比赛中获胜的学生上讲台接受表彰。看到那些学生羞涩而开心的笑容，我觉得我们的一切付出都是值得的。

除了比赛，为了解决学生上课玩手机的"顽疾"，我们想了一个办法，专门采购一批手机柜，上课时将学生的手机收好锁到柜子里，下了课才能拿走。我担心学生不配合，事实也的确如此，学生刚开始比较抵触，但过了几天我发现，学生们都开始主动将手机放到手机柜去。我拉住几个学生询问，学生回答说：这个课能学到很多东西，不能玩手机。

他的回答让我很意外，也引发了我对教学的很多反思，教学管理和教学质量的提升应该是相辅相成的，要加强教学管理，更要提升教学质量。

这个课让我学会了很多

袁校长的这一招真是立竿见影！实施"以赛促学"后，学习氛围的转变真的让我们很意外、很欣慰。学生们的积极性发生了彻底的转变，上课的主动性很强。看不到学生睡觉、玩手机了。一说开始练习，学生真的是抢着去占领有利位置。

当时，小组成员范晨晖和我讲："玄哥，你有没有发现，现在每次下课后，主动问我们问题的学生越来越多了？"其实我也有同感，不仅问问题的学生多了，还没上课，提前来练习的学生也多了，课后特别是晚上实训中心开放的时间，来练习的学生也更多了。这就是"以赛促学"带来的最明显变化。

2015 级五年制的一个学生跟我讲："这门课真的很有意思，是我上得最用心、学到东西最多的一门课。以前觉得上课很枯燥，总是学不进去，但是这个课我学会了很多，而且一点不枯燥，很有趣。"

"以赛促学"无疑是成功的，虽然是第一次试行，但是没想到进展得很顺利。"上课内容模块化""比赛内容标准化"，这应该是我们成功实施的原因。后来，我代表实训中心在教师大会上作了汇报，分享"以赛促学"的经验。

回想起那段时光，我想那才是教学该有的样子。直到今天，"以赛促学"也是学院特有的教学模式，并一直延续下来。

作者简介：刘玄，2013 年 6 月 18 日入职湖南吉利职院，先后任汽车工程系专业教师、实训中心教学秘书、副主任、主任，新能源汽车系主任，汽车学院院长。2022 年入职湘潭理工学院，先后任汽车工程学院院长助理、副院长。

挑战"大魔王"

唐湘

"报告魔王，我叫××，我要实现3年内考上博士的目标，在挑战过程中，无论多么艰辛、困苦，我都会坚持到底，永不放弃。只求魔王给我一个拥抱或者向后的手势（表示环节通过）。"

这是学院素质拓展训练"挑战大魔王"上的经典一幕，也是学院品格教育的一个缩影。学院在创办之初就开始探索育人新模式。袁校长提出，"要根据学生的特点，创新教学方式"，目的是提升综合素质，核心是培养挑战精神和感恩之心，途径是搞拓展训练。育人者先受教育，要想培养好学生，教师自身的综合素质首要提高。为此，袁校长买了好多教材让大家学习，选派了一批教师去广州参加培训，还专门从北京请了老师来带我们一起做素质拓展。

既是受训者，又是准教官

一个秋高气爽的日子，北京的老师们到了。首批素质拓展活动参与者一共40余人，老师和学生一起当学员、一起受训。

活动前夜，参加培训的名单一发到群里，太多人请假，"搞不了，干不下去了……"大家对培训的内容有所了解，很多人有畏难情绪，还有部分老师确实有别的安排。没办法，我只好拿着名单，挨个打电话。这也是组织这次活动的意义所在。

活动当天，有些老师的孩子没人看，只能带着孩子来学院。记得在做拓展项目的时候，有4个小观众在给我们加油。对于孩子们来说，这是加强自我管理的好时机，同时也是个难得的机会，来看他们的爸爸妈妈如何玩得像一个两百斤的胖子。

我非常紧张，在开展项目之前，给大家打了个拱手："老师们，我今天也带孩子来了，给个面子，都认真参与。别让孩子觉得我们参与活动不认真。"回过头来看，我觉得带个小孩来，是好事，他们绝对是称职的监督力量。

跟真正的学生们不同，老师"学员"都是带着任务参加拓展活动，既是参与者，又是准教官；既要学操作过程，又要费脑子参与项目，特别"难受"。同时我也非常忐忑，担心有些老师参与过类似项目，有过通关经验，会提前透露环节，影响参与度。

项目开始后，效果却超出预期，大家都积极参与，进行完一个项目比拼后，各个队伍总会坐下来"复盘"分享，个个都争着分析成功或者失败的原因，总把责任往自己身上揽，深度沉浸在项目的进程里。

挑战大魔王

"挑战大魔王"是培训的重点项目，通过挑战闯关的方式，培养学员不屈不挠、勇于面对困难、善于自我总结的品格和习惯。

教官太厉害了，站在高台上，参与者服从规则，仰着头与教官对视，并进行以下对话：

> 队员：我要挑战！
> 教官：开始！
> 队员：报告魔王，我叫某某，我要实现……的目标，在挑战过程中无论多么艰苦，我都会坚持到底，永不放弃。只求魔王给我一个拥抱或者向后的手势（表示环节通过）。
> 教官：声音太小，我听不清/底气不足/我不相信（各种拒绝通过的理由）。

在"大魔王"面前，大家都要吼出自己心底的愿望。一群人轮流到他面前，一遍遍地吼着那段话，不能错一个字，气势必须足，不行就重来。星爷整了七八回，唾沫星子溅了教官一脸，每次失败都气吼吼地回到集合地寻思如何破局。

失败的人太多了，大家坐在一起分析没通过的原因。成功通过的同志分享了他的感受：我说出来的愿望，就是我这么多年一直努力追求想做的，大魔王应该是感受到了我的执着和坚定，"大魔王"在这个环节中对应的就是我们在努力过程中的一切困难和阻挠的综合体。

大家意识到，这不仅仅是一次活动关卡的挑战，真正的难度也不是吼得一字不差，吼得声音最响，而是如何找到自己内心深处的想法，并将它坚定地表达出来，这个项目就是要训练大家树立迎难而上、不怕困难去挑战的信心。明白了这一点，在之后的挑战中，大家的通过率就逐步提高了。

事后"大魔王"找到我，说这一个项目就严重拖时间了。"大魔王"也确实太不容易了，有时没人挑战，他一个人孤零零站在风中，还要板着脸扮"大魔王"。他们心里应该在想："你快点上咯，不要搞到最后一个，不要在那里观摩学习咯。"

感恩的心

另外一个重点项目是"感恩的心"。

项目的氛围营造得特别好：关上门，点燃蜡烛，昏暗的光线中，神秘园乐队恬静深远的音乐声响起，教官开始讲述一段感人的话……

项目的惩罚机制也特别严格：学员们被分成两队，为达到预期效果，项目设置了非常多的规矩，队员一旦触犯，队长就要受罚。因为学员犯规，男队长做了300多个俯卧撑，女队长挣扎着做了300多个仰卧起坐。队员围成一个圈，眼巴巴地看着挣扎的两人，从开始的游戏心态，慢慢变成内心的纠结、不忍，无数次队员想上去替换，都被教官严词拒绝。两个队长累得满头大汗、头发凌乱，还在苦苦支撑，丝毫没有放弃。

室内温度特别高，一群人围着，攥紧拳头，有队员上前与教官理论，说"这个惩罚非常不人道"，说"队员都是老师，年纪大了，身上有伤"，说之所以"惩罚队长，是因为队员个人原因"，申请与队长分担惩罚任务。教官说："看这两个队长，为了他们的队员，承受着一切，像我们许多为了孩子承受一切的父母，为了员工承担一切的领导……在某些时刻，团队中的一个小失误，孩子犯的一个小错，其后果都是他们在默默承受着，并不会因为我们的个人意愿而幸免……"说着说着，很多老师和参训的学生都开始扭头抹眼泪。

因为一份责任和担当，队长要坚持受罚；因为对规则的敬重，教官要"无情"拒绝，于是有了学员们的不忍和愧疚，于是有了苦苦求情、流下眼泪。大家都深深地体会到了什么是"感恩的心"。

分享感受的时候，很多人说自己亏欠的人、亏欠的事太多，泣不成声。几个参训的学生更是哭得抱成一团，说以前总是忽视父母和老师对他们的关怀和关爱，觉得一切都是理所当然，以后要加倍感恩，学会珍惜。

这次拓展活动，对大家的触动非常大，效果也非常好。参训的40余名师生在切身体会了整个拓展环节项目之后，第一时间自我总结、集体磨课、自我调整。成果转化也非常成功，形成了学院"三好教育"《好品格培训方案》，并率先在 2015 级学生中推广实施。在之后的拓展活动中，整个 2015 级新生深深感受到了老师的不易，哭得稀里哗啦。学生们纷纷给家里的父母、给教过自己的老师打电话、写信，表达感恩之心。

这不仅是一次有成果的素质拓展活动，也是一次成功的品格教育活动。

作者简介：唐湘，2012 年 4 月入职湖南吉利职院，先后担任基础部主任、自动化工程系主任、招生办主任、人工智能与软件学院院长。

奋斗者训练营

唐振

有次我在食堂遇到齐礼老师，他打招呼说："咦，老同学，你也在这儿排队啊？"我有点没反应过来，老同学？哪个学院？同学什么？看我有点茫然，齐老师连忙解释道："我们是'奋斗者训练营'的同学啊。"此时的我才恍然大悟，2017 年参加"奋斗者训练营"的故事也再一次涌上心头。

踌躇不决

2017 年 5 月，校办发了一则通知，大意是学院将组建一个"奋斗者训练营"，想参加的老师可以自愿报名。我来学院时间不长，看到有培训和学习的机会，很是心动。正准备报名，一看培训时间是周末，又开始纠结犹豫了起来，心想自己每周上 20 多节实训课，已经"很辛苦了"，确定还要放弃周末难得的休息时间来参加培训吗？我去问实训中心的同事，刘玄、龙涛、段枭炜、刘欢他们都报名参加。"这么多年轻优秀的老师都参加了，我为什么不参加呢？"我认真地拷问自己。

其实，想了这么多，就是给自己不想参加找借口。周末在家无非也是睡懒觉、玩手机、看电视，学院发的书和图书馆借的那几本专业书，一直"躺"在书桌上，未曾"翻身"，周末的时间自己并没有好好利用起来。不破不立！是时候改变一下了！就这样，我毅然报名参加了"奋斗者训练营"。后来我想，可能正是因为在报名前有过这样的内心挣扎，我才能坚持到"奋斗者训练营"结束。

参加后我才得知，搞这个训练营是袁校长亲自提议的。袁校长住在学校，周末一般都在办公室读书工作，他要把大家召集起来，亲自给我们上课，用他的话说就是"陪公子读书"，让大家把周末时间利用起来，多学习、多读书、多交流。

我后来反思，自己一开始的"踌躇不决"，其实就是遇事有畏难情绪，缺乏奋斗精神，这或许是许多年轻老师的"通病"。学院成立不久，亟须建立一支奋斗型、学习型的教师队伍。袁校长亲自组织这次训练营，就是要解决这一"通病"，让参加的成员都能成为积极主动的"奋斗者"。

洗心之旅

5月14日,"奋斗者训练营"开班的日子。我早早来到学校,有点紧张,也有点期待。这个"奋斗者训练营"要做什么? 学什么? 我能成为一个奋斗者吗? 老师们一起来到一教一楼的期刊阅览室,静静等待着,谁也不知道今天开班有什么仪式,要训练什么项目,都有点茫然不知所措。

上午九点,袁校长来了,训练营正式开班。没有隆重的开班仪式,没有复杂的流程,一切是那么的简单和轻松。大家推选训练营中年龄最大的陈华宏老师当我们的班长,然后三人一组分成了七个小组。每个小组要在一张大白纸上写好小组的成员、口号和队标。此时大家你一言我一语,气氛十分活跃,房间里笑声阵阵。

分组结束了,按照一般的流程,接下来应该是分配小组任务了,但出乎所有人的意料,袁校长先给大家讲了一堂课,讲的是"寺庙"。他向我们介绍了汉式寺庙的特点、布局和一些基本知识。最后,袁校长话锋一转,发布了训练营的第一项任务:长沙有一座洗心禅寺,自己去找,自己去学习,结束后返回学院讨论。听到这里,我和同学们面面相觑,大家之前都没听说过这个寺庙,关键问题是,奋斗者训练营和参观寺庙又有什么关系呢? 带着这些困惑和不解,大家出发了。

好在洗心禅寺就位于长沙望城,离学院并不远,我们一行人驱车四十余公里,很快就到了。听过了前面校长的介绍,加上有任务在身,大家看得格外认真。寺庙整体依山而建,庄严古朴、气势恢宏,处处红墙金瓦、翘角飞檐。殿内的缅白玉佛像,雕刻精美,神韵古朴,法相庄严。漫步寺内,看着殿门前静静伫立的香炉,耳边传来阵阵诵经的声音,大家内心也逐渐变得宁静下来,忘记了小组PK的功利心和目的性,有的虔诚拜佛,有的翻阅寺中的书籍,有的在走廊里细细品味碑上经文和寺庙的演变故事,不时掏出手机拍照记录,就只有纯粹的参观和学习。

回到学院已经下午1点多,一行人在学院对面的如意餐馆吃饭,大家边吃边讨论,核心问题只有一个,"在洗心禅寺学到了什么?"

下午,袁校长开门见山,问的也是这个问题。学到了什么呢? 有人说寺庙的名字令人印象深刻,有人说看上去这个寺庙还是比较新,有人说洗心禅寺顾名思义就是要学会"洗心"……听完大家的分享,袁校长不置可否,而是跟我们讲起了寺庙的由来。洗心禅寺原来叫洗心庵,是清初由法藏禅师创建,距今已有近400年历史。以前寺院规模宏大,殿堂屋宇有100多间,是长沙规模比较大的一个寺庙,中国佛教协会会长一诚长老当年就是在这里出家的。后来因为一些历史原因，禅寺被毁。现存的寺庙，是一诚长老担任佛教协会会长后提议在旧址重建的。寺庙毁了，佛心不毁，佛心还在，寺庙就在，大家感慨，人生苦短，要成就一件事，心中必须有一份定力。

求佛要洗心，"我们这个奋斗者训练营，大家首先也要洗心、静心"，最后，袁校长告诫大家，"以文洗心、由心化人"，老师自己先要洗涤心灵，启迪智慧，思想才能得以升华，才能更好地教书育人。奋斗者就是要"洗"去内心的糟粕和浮躁，不忘初心、坚定信念，为追逐梦想而不懈努力奋斗。

不找借口

和一般的训练营就是搞搞团建、挑战一些困难不同，读书才是"奋斗者训练营"的主旋律。之后的很多个周末，大家都会在一起看书、学习和分享，每一次的学习交流，对我们来说都是一次思想和精神的洗礼。

袁校长给我们买了很多书，从《没有任何借口》到《匠人精神》，从《活法》到《卓有成效的管理者》。《没有任何借口》是一本用牛皮纸做封面的书，令人印象深刻。翻开书的一刻，我立刻被书中的一些观点所吸引："借口是拖延的温床"，"借口实质是推卸责任"，借口是我们工作中的一种表象，容易成为一种习惯，找借口为说谎提供了滋养的土壤。"找借口的好处就是能把自己的过失掩盖掉，心理上得到暂时的平衡，但长此以往，就会成为一种习惯，就会疏忽工作的认真、努力和用心，会把大量时间精力放在如何寻找一个合适的借口上。"

生活和工作中，"找借口"的现象比比皆是，大家纷纷结合实际，进行反思。刘玄老师说："有时候工作中出了问题，有些老师不是积极主动去解决，而是千方百计地找借口。显然借口已经成了他的一副挡箭牌，事情一旦办砸，就想找出一些冠冕堂皇的理由，来换取别人的理解和原谅，我认为这是一种不负责任，没有责任心的体现"。龙涛老师说："我们部门也有部分年轻老师很茫然，他们每天在茫然地上班、下班，每天上课就是对着PPT念，机械地完成着教学任务，课堂氛围死气沉沉，很难说这样会有很好的教学效果。"大家对这些不愿承担责任、拖延、缺乏创新精神、缺少责任感的行为进行了批评和自我批评。

我也在反思自己，回想我当初报名时的纠结犹豫，不就是在为自己找一个"名正言顺"的逃避的借口吗？而借口其实就是对自己惰性的纵容。刚来学院时，我经常忘记打卡，甚至为忘记打卡找了很多理由，这些理由现在看来就是借口。后来，我通过手机闹钟、电脑屏保提醒等各种方式提醒自己，忘记打卡这种情况逐渐也有了明显好转。这让我明白一个道理：只要你对自己负责，用心去做，都是能做好的。

这也正是杰伊·瑞芬博瑞在书中所强调的，"没有任何借口"首先是一种自我负责的精神，只有对自己负责的人才能对工作、对家庭、对社会负责。在借口和责任之间，选择借口还是责任，折射了一个人的生活和工作态度。他把"没有任何借口"理念细化为自我责任、目标、服从、正直、宽容、自尊等品质，每一种品质都是迈向成功和幸福的一级阶梯。停止寻找借口，伟大的事情才会发生！

现在，"不找借口"已经成为职院校园文化的重要组成部分，学院电梯里一直挂着三块宣传牌，上面分别写着"不说谎""不拖延""不拆台"。这九个字内化为每个老师心中的一种约束力，时刻提醒着我们，教师这一职业责任重大、使命光荣，更加需要有一种奉献、利他的文化素养，一种负责、敬业的职业精神，一种完善的执行能力，一种自律包容的精神品质。

匠心之路

袁校长送给大家的书中有一本《匠人精神》，是他去北京在西单新华书店发现的，该书是日本首屈一指的家具厂家秋山木工创办人秋山利辉先生的著作，详细介绍了他的育人理念和培养方法。袁校长就给学习班每人买了一本。这本书让我第一次对"工匠"和"工匠精神"有了较为深刻的认识。

传统的观念里，人们似乎对"工匠"这一称呼有一些误解，我也如此，总认为他们重复做着那些看起来"简单"的工作，缺乏创造性，不值一提。所谓"世界越快，心则慢"，殊不知在物欲横流的大环境中，在一味求速度、挣快钱的社会里，更需要这样一个群体、一股力量，更需要他们坚守的那份"匠人精神"。

"匠人精神"的培养，首先是品格的培养。秋山先生讲：我们培养的是一流的人才，而一流的人才最重要的是人品，其次才是技能。我们的时间和精力中的95%应放在教育人品上，5%应放在教育技能上。他把培养一流工匠的方法总结为"匠人须知三十条"。一流的匠人，人品比技术重要。学院一直坚持"好品格、好习惯、好技能"的"三好教育"理念，这时我才明白，袁校长当初把"好品格"放在学院"三好教育"理念的第一条是多么的重要。

"匠人精神"的培养需要有生根发芽的土壤。"成大人成小人全看发心，成大事成小事都在愿力。"发心，愿力，我想归结起来就是要有一颗"匠心"。匠心的培养在课堂上是教不出来的，是要通过文化、学习来"洗"心的。2015年来校之初，我就被学院的"劳动教育""励志教育""感恩教育""挫折教育"所震撼。这些教育不在课堂，而在田间地头，学院农场上；在校园马路，食堂前坪，操场上；在一封封的家书中，一次次的拉练里；在同学们的汗水和泪水里。多年来，学院开发实施了一系列的品格教育创新项目，特别是开心农场项目，让学生在日常劳动中，锻造匠人品格。

"匠人精神"的培养更需要教师以身作则。袁校长经常跟我们讲：学高为师，身正为范，要求学生做到的老师必须先做到。作为一名教师，首先自己要有匠心。

在一次教学研讨会上，技能大师赵俊锋老师对我们提出了严厉批评："你看看你们，上完课就在办公室玩手机，不用心钻研技术，真是憨货师傅，带出憨货徒弟。"当时听得我们面红耳赤，无地自容，原本以为自己做了很多，其实远远不够。

"涛哥，没课的时候我们就拆车去吧，我们来的时间不长，对汽车还不够了解，要多练练。"我拉上龙涛老师，说干就干。每天上完课后，实训楼的整车拆装区总能看到我俩的身影。此时的我们已放下了"面子"，不懂的就问。

"玄哥，这个发动机无法启动是什么原因？"

"这个主驾驶的玻璃要怎么拆出来？"

"赵主任，这个放油螺栓被我拧坏了，怎么办？"

就这样，在大家一次次耐心地指导和鼓励下，我们的技能水平得到了大幅提升。在一次装制动器时，下侧的钳架螺丝怎么也对不准、装不好。我想如果没有一个技巧，在教学生的时候都靠"运气"是不行的，肯定有办法。我们蹲在地上，不断摸索，最后终于找到了非常简便的解决办法，再也不要靠运气了。擦着额头的汗水，看着满是油渍的双手，我们四目相对，嘴角一笑，有了一种如释重负的感觉。

多年来，我一直在勉励自己，脚踏实地、勤奋不懈、苦练基本功的人，更能够不经意间展现自己的潜能，爆发出令人惊讶的力量。不轻看自己，不受外界干扰，全身心投入，在"教书匠"的路上努力前行，我们终究会成为"匠人"。

每个人都是"管理者"

在训练营里，我们还一起学习了彼得·德鲁克的《卓有成效的管理者》。带着我们学习的是一位"老教授"——张春华。他是扬州大学商学院的教授，个子高挑，体形偏瘦，平易近人，爱喝点小酒。他说特别喜欢和我们一群小年轻"混"在一起。

一开始，我不认为我是一个管理者，甚至觉得这课程与我"毫不相干"，但是，随着学习的深入，我慢慢发现自己的思想还是过于狭隘。管理者首先就是管理自己，管理自己的时间，了解自己的长处和不足，使自己的工作变得更加卓有成效；然后才是管理团队，做有效的决策。

张教授每周会要求我们用 PPT 作学习汇报总结，而最不会做 PPT 的我每次都是最紧张的，所以那段时间除了看书，把每周的学习心得写好，我还在网上买了 PPT 制作的教程和模板，学习演示文稿如何制作，现在回想起来真是收获满满。

生命是以时间为单位的，记得张教授在讲授第二章《掌握自己的时间》时说："时间是一门管理艺术，要我们珍惜自己的时间，尊重他人的时间，更要学会科学支配时间。"说着就让我们画一个时间安排表，诊断自己的时间，每天都做了哪些事情，做了哪些浪费时间的活动。大家在下面小声议论着，"一天感觉挺忙的，一算起来发现自己也没做什么""唉，真是，在瞎忙"……原来时间管理如此重要！

张教授经常会在袁校长面前表扬我们，"这群小年轻们学习认真，不错！"他还时常在微信群里要校长给我们发个红包，紧张的学习之余，偶尔还会带着我们娱乐和放松一下。一次学习会前，他突然说："学院附近哪里有高一点山啊，今天天气好，我们爬山去！"大家立马说："附近最高的山就是昭山。""好！那就去爬昭山。"上山的路是一条用花岗石铺成的磴道，有 700 余级台阶，自江岸盘旋直达山顶的昭山禅寺。张教授和很多年轻老师一样，一口气登顶，中途都不带休息的，我们都直呼佩服！站在山顶，近看昭山，远眺湘江，豁然开朗，大家顿时忘记了疲惫，心旷神怡。

后来，张教授回扬州了，但是，作为我们的成长导师，他还是时常在微信群里和大家联系，也会分享一些学习资料和心得。他这种不断学习的精神，一直深深地影响着我。

感谢"奋斗者训练营"，它对我的思想、工作产生了重要影响，既培养了我的阅读习惯，也改变了我的很多观念，更让我留下很多甜美的回忆。那些和"老同学"们一起读书、一起学习、一起交流的日子，让我明白了"生命不息，奋斗不止"的真正内涵。现在，我和我的"老同学"们也逐渐成为学院的业务骨干。努力奔跑，追逐梦想，我想，这就是对奋斗者最好的诠释。

作者简介:唐振,2015 年 9 月入职湖南吉利职院,先后任实训中心教师、系秘书、副主任、汽车学院副院长、院长。

回到教育的原点

林洋洋

　　立德树人是高校的根本任务，也是教育的初心。多年以来，学院一直坚持"好品格、好习惯、好技能"的"三好教育"理念，品格教育和技能培养并重，致力于培养内外兼修的技能型人才。"三好教育"的目标是什么？用袁校长的话说，就是"让教育真正回归原点，让每个学生成为有灵魂的人才"，这是湖南吉利职院的办学特色，是发展的基础，也是我个人教学工作的一条准则。

为学生精准"画像"

　　我是 2016 年正式转入教学岗的。跟行政工作不同，教学带给我很多新的挑战：作为新任授课老师，我的讲台经验不足；承担的又是文化类课程，内容丰富、涉及面广，需要有充足的知识储备。为此，我将大量的时间和精力花费在备课上，同时在课堂上充分调动自己的激情，最大限度带动和感染学生。

　　这样备课和上课很累，但累并快乐着。每当我走进教室、走上讲台，与台下学生们一双双闪闪发光的眼眸对视时，总能在他们的眼睛里看到好奇、期待和求知欲。这让我的心里总是暖暖的，我暗下决心，一定要竭尽所能，把自己学过的知识都教给学生。

　　可教学远不是我想象的那么简单。我最初的想法是，只要我做好十二分的准备，就能把课上好，只要我自己充满激情，学生自然能够投入进来……但上了一段时间的课以后我渐渐发现，课堂上学生的注意力一开始还能集中，过了一会儿就开始"各忙各的"。不行，我一定要抓住这些小可爱的注意力，我铆足力气，拓展内容，变换方法，但事倍功半，效果并不好。难道是教学方式的问题？可是我们自己从小接受的教育，不也是听课、练习、考试这些环节吗，学得不也挺好的吗？这让我一度很迷茫。

　　直到在一次会议上，听到袁校长说"我们的学生，大部分是高考的牺牲品。由于不擅长学习，他们在中学阶段承受了巨大的心理压力，甚至造成了较大的心灵创伤，普遍缺乏自信，缺乏幸福感。因此，我们的首要任务，是帮助他们建立自信，让他们在校园里找回幸福感，体会到真爱。这要成为学院一切工作的出发点和归宿点。"我恍然大悟，原来自己忽略了最重要的一点，就是备课首先是备学生。

　　校长的话深深地刺进我的心里，上了这么多节课，原来我并没有真正了解我的学生。我开始认真地调查分析，给我的学生画像：基础薄弱，接受能力较差，需要循序渐进；渴望被认同，需要多鼓励……

　　在此基础上，我开始调整教学方式，不再一味"满堂灌"，而是更多地与学生互动，通过一些小活动、小练习，让学生真正参与课堂，成为课堂的主人。就这样，我的课堂越来越受学生的欢迎，我也尝到了一些课堂教学改革的甜头，学评教成绩多次在全校名列前茅。

让学生重拾自信

　　只有课堂教学改革还不够，要想培养出技能型人才，还要加强课堂讲授以外的实践教学环节，为此，学院提出了"周周考、月月赛"。目的是通过开展适合学生特点的比赛和考试，提升学生学习的兴趣和信心，让在以前从来没有通过考试和比赛证明自己的学生，在哪里摔倒就在哪里爬起来，重拾自信，同时提升学生的实践能力。

　　根据之前对学生的画像，老师们一致认为，不管是考试还是比赛，起点不要高，难度要适合，要能激励学生，滋养学生的兴趣和信心。于是，"周周考、月月赛"作为一项教学改革重点项目，在全校范围内全面展开，既有汽车检测、美容等专业课的项目，也有音乐、美术、书法、体育等公共课项目，给每个学生搭建了充分展示自己的舞台。

　　作为基础部主任，我组织部门老师开展了绘画、书法的多项比赛，效果显著。一天，我在微信朋友圈看到学生莫熠曦的妈妈晒出了莫熠曦的画，并配文感慨没想到自己的孩子还有绘画天赋。作品能够获得老师、同学和父母的肯定，这对缺少认同感的学生来说，就是最好的鼓励。莫熠曦同学上课集中精力的时间比以前更久了，脸上的茫然也逐渐消失，开始有了一点点的笑容，跟老师和同学的互动也越来越多了。一个原本自卑内向的男孩，越来越开朗外向，也越来越自信。

在大学语文课上，我从最简单的唐诗宋词背诵开始，比赛方式也从简单的比准确率和背诗量开始。先是最基础的五言绝句，接着是七言律诗，循序渐进增加难度，通过背诵一步一步锻炼学生的语感。令我印象最深的是2017级汽车检测与维修2班同学们的表现，通过每周诗词背诵小考，同学们的语感越来越好，背诵、朗诵热情高涨，上课时从以前的昏昏欲睡到现在整个小宇宙都被点燃了，期待学更多的知识充实和证明自己。期末时，班上的同学都可以很流畅地背诵全篇871个字的《琵琶行》，更有周瑶等几位同学为了表现自己超强的记忆力，要求在全班同学面前倒背《琵琶行》。与知识一起增加的还有自信心，全班同学主动申请，在社团联合会举行的文艺晚会上，以班集体朗诵《将进酒》的形式，欢送六月份即将毕业的学长学姐。

以文化涵养心灵

"三好教育"，首先是品格教育，品格教育，重点在文化育人。为了充分发挥文化育人作用，学院特意设立了"国学奖"。袁校长精心挑选了曾国藩《八本堂》，毛泽东《沁园春·长沙》，朱柏庐《朱子家训》节选，范仲淹《岳阳楼记》，周敦颐《爱莲说》，周敦颐《拙赋》，诸葛亮《诫子书》，陶渊明《桃花源记》8篇古典诗文代表作品，每届大一新生来学院后一个月，举行"国学奖"比赛，八篇里面抽四篇，全部默写正确的即可获得1000元的奖金。

大部分同学都跃跃欲试，志在必得。能够完整背诵的很多，但要全部默写正确可不是那么容易的事。背在字音，写在字形。书写的规范要求学生必须具备良好的书写习惯，对和错往往就是一个笔画的差别。每年的"国学奖"阅卷工作都是落在我的肩上，这可真是个"眼力"活，但几次下来，也总结出了经验，练就了"火眼金睛"，那些高频出错的字，扫一眼就能看出来。比如"莲"字写成半包围结构，"满"字写成上下结构，沁写成泌，候与侯不分，等等。有的学生只错一个字，真是可惜。当然，比赛和奖金只是一种激励的方式，最重要的是让学生在背诵和默写的过程中，感悟作品的思想内涵和语言魅力。而看似严苛的阅卷标准，就是要让学生明白，文化素养的提升要靠点滴的积累。

我们承担了全校大部分的公共基础课程，尤其是书法、大学语文、中华优秀传统文化等文化类课程。除了"国学奖"，我们结合学生特点，开发了一系列文化基础类的比赛，目的就是进一步激发学生兴趣，在潜移默化中以文育人，提升学生的综合素养。

　　这些比赛中，最能看出效果的是书法比赛，这是同学们觉得门槛最低，但实操起来难度最大的比赛。书法，不论硬笔还是软笔，对学生的定力都是一种考验，要能够静下来、坐得住。为此，书法老师想尽办法激励学生，买了便于书写的漂亮的纸和笔，辣条、棒棒糖更是兜里常备。书法老师给大家建立了一个书法档案，还没学书法时写一首诗，一个学期书法学下来，再写一遍这首诗，让同学们自己比较着看变化。书法比赛，虽然赛不出书法家，但是在比赛的激励下，同学们的字越写越规范，越写越漂亮，他们对字的审美观也逐步建立了。

　　这就是变化，就是进步。

作者简介：林洋洋，2013 年 12 月入职，先后在学院办公室、基础部、人文与管理学院任职，现任人文与管理学院院长。

课堂内外

李强

我是 2012 年 2 月入职的，当时学院还叫湖南汽车工程师专修学院。我先是被派往浙江临海学院任教了半年，2012 年下半年才返回学院，从那时起，我正式成为汽车商务系的一名专任老师。一转眼，已经过去十多年了，但那些课堂内外的场景，却依然历历在目。

课堂内：没错，还是我

2012 年 9 月 3 日，周一，新学期开学第一天，天气炎热。

实训楼 412 教室里，4 台吊扇在"嘎吱、嘎吱"地转动着。我快步走上讲台，望向台下就座的 30 多名学生。他们是 2011 级汽车营销与服务专业的学生，新学期、新课堂，大家的期待感很足，见到有新老师进来，齐刷刷地抬起头看着我。就这样，我与我的学生们见面了。

第一次见面，当然首先要互相认识，我简短地作了自我介绍，接着依次点名，在一次次答到声中，我和学生一一对视，希望在脑海中多记住一些他们的样子……我给他们上的这堂课叫《汽车保险与理赔》，正式开讲具体内容之前，要先讲教学大纲、课堂要求和考核方式，等等。时间过得很快，转眼就下课了。

铃声一响，一部分同学"哗"地一声站起来就往外跑。这么着急离开吗？我有些诧异，一问才知道，为了第一大节课不迟到，很多人都没来得及吃早餐。第一大节课后有二十分钟，他们要赶紧去买早餐吃。

我在讲台上收拾着教材，耳边传来两个女生的小声对话："下节课是《汽车推销技术》，你猜是哪个老师给我们上？""这我哪知道，总之不是我们的辅导员。"呵呵，我心中窃笑两声，拿着教材离开了教室。

第二大节课就要上课了，我拿着《汽车推销技术》教材，再次走进了实训楼

412教室。台下的学生望着重新走进来的我，一脸不解，有人开始小声议论。

"真快，咱们又见面了"，我对着他们平静而又大声地说："没错，还是我，《汽车推销技术》这门课由我给大家讲授。既然上节课已经互相认识过了，自我介绍和点名环节就可以免了，但在开始讲这门课之前，我想先和大家聊聊早餐的问题，早餐还是要吃，按时吃，其实就是提前五六分钟起床的事，我自己……"

不知道是再次"见面"更加熟悉一些了，还是因为早餐的话题拉近了距离，第二大节的课堂气氛似乎轻松了很多，学生们和我的互动也慢慢多了起来。

学院创办不久，师资力量不足，需要老师们承担更多课程任务，由于这学期汽车商务系专业老师暂时只有我一个人，专业班级也只有这一个班30多人，所以大部分专业课程就由我一个人承担了。刚来学院的前几年，我的教学工作大抵如此，一个学期需要上两门甚至三门课，以至于常常被学生们调侃"李老师应该当我们班的辅导员，我们见你，比见辅导员还多"。

连轴转上课，确实有点累，但也有很多好处，一是师生之间有更多的时间相处，能够快速地加深了解；二是便于不同课程之间的衔接和配合；三是对我个人来讲，多上课也能够积累更多教学经验。累并快乐着，这或许就是课堂教学的魅力吧。

课堂外：有泪水，也有欢笑

一晃两三年过去了，我一直承担专业课的教学任务，还积极参与了汽车商务系各专业人才培养方案的修订以及专业的申报工作。虽说工作任务重，但也能较好地完成。可是只有课堂教学还不够，作为培养技能人才的高职院校，学院还非常重视在课外时间搭建各类实践平台，培养学生的实战技能。

2015年12月，第十一届中国（长沙）国际汽车博览会召开。为了丰富学生的课外生活，让学生了解汽车行业的最新动态，提高营销实战技能，学院积极对接展会的合作方长沙华丰汽车贸易公司，决定选派一批学生，作为该公司的临时实习人员，亲身参与现场的营销活动。

我们选定了专业对口的2014级汽营专业和国际商务专业的一部分学生参加，由我和马伏英、陈英姿、刘殷音几位老师带队，主要工作内容是协助华丰公司做好现场客户引导，同时协助销售人员做好集客和成交工作。从12月10日开始，到12月14日结束，一共5天。

那年12月的长沙，天气比往年更冷了几分，但学生们的热情似火，10号早上

7点集合,7点半准时出发,满满一车人,很是热闹。难得有这样亲临一线实战的机会,参加的又都是各专业中的优秀学生代表,大家都跃跃欲试,期待自己能够有出色的表现。

他们显然低估了这次实践的难度。半天下来,当带队老师询问他们的感受时,大多数人言语间都充满了抱怨、疑惑、沮丧,甚至有女同学偷偷抹起了眼泪。

这些都在我们的意料之中,老师们决定还是先从解决他们的实际问题下手,这样更有针对性,学生进步也快。刘涛同学提了一个好问题,他说发宣传单时效率很低,很多人接过去看也不看,转身就丢掉了,还有人接都不接。其他学生点头附和,显然这个问题很有代表性。其实这很正常,这么多车企这么多营销人员,这些顾客都"麻木"了,但要想提高效率,最好的解决办法就是找到潜在客户。老师们一边开导学生,一边带着他们做起了客户画像:要学会"察言观色",我们卖的是吉利的汽车,是实用型的普通家用车,不是那些高端豪华品牌,要找那些穿着朴实、看起来比较务实的人,他们才是吉利车的目标客户……

学生还是要多鼓励,我告诉他们,他们迈出的每一步,说出的每一句话,发出的每一份宣传单,都是成绩,都是进步,因为他们是从零出发的,这才刚刚开始,坚持到底,大家都是可以的!

后来的几天时间里,学生们提出的问题越来越少,脸上的笑容反而越来越多,好几个学生通过自己的努力,帮助公司完成了签单。当然,最重要的还是学生心态上的改变,活动复盘的时候,同学们一一分享了自己的心得。

刘涛表达了内心的感谢:"这次实践锻炼了我们的胆量,丰富了我们阅历,让课堂与实际的工作场景接轨。老师们,谢谢你们的支持;华丰,谢谢你们给的机会;学院,谢谢对我们的肯定。"

张海玲更加坚定了"突破自己"的决心:"在这次车展中,我学到了很多东西,也知道了社会的现状,如果想要更好地在营销这个行业中走下去,我必须学会接受拒绝以及失败、要有耐心、要厚脸皮、能吃苦。只有不断地突破自己,才会变得更好。"

余鑫亮总结了自己的不足,"作为一名工作人员参与到车展中,才体会到其中的辛苦,慢慢开始怀念学院的生活。在实习的短短几天时间里,我在思想上有了很大的转变,我发现自己和人打交道的经验不足",但他越挫越勇,"职场上有很多障碍,自己的信心受损是再正常不过的家常便饭,我需要鼓起勇气,勇敢地面对失败,跌倒就爬起来,重新冲向战场"。

不怕拒绝、不怕辛苦、坚持、认真，这是从他们体会中看到的最多的词汇。对于这几天的课外实践，我借用了余鑫亮的一句话来总结，就是"有苦有甜，有泪水也有欢笑"。这句话代表了学生们五天来的真切感受，更揭示了职场乃至整个社会的真实情况。这次课外活动的最大目的，是让学生通过实践，了解这些真实情况，然后发现不足，从而找到努力的方向，最终在成长成才的道路上走得更稳、更远。我想我们做到了。

十多年来，汽车商务系不断发展壮大，从只有 1 个专业发展到现在的 5 个专业，从 2012 年的 30 多名学生到现在的 500 多名学生，教育教学质量也不断提升，赢得了学生和家长的高度赞誉。这些都离不开学院领导的正确决策，更离不开每一位专职教师的辛勤付出。加油，湖南吉利职院！

作者简介：李强，2012 年 2 月入职湖南吉利职院，汽车商务系专任教师。

我的造车梦

谭准

和大多数男孩子一样,从小到大,我对各类汽车和汽车机械有着强烈的好奇心,我有一个梦想,在未来的某一天,自己能够亲手造一台车。可我生长在一个偏僻县城的普通家庭,能在大马路上看看汽车就不错了,没有什么机会近距离接触它们,这个梦想一直被我深藏心底。

重被唤醒的造车梦

虽然深藏心底,可我从未忘记。

中专毕业之后的一天中午,在外玩耍的我被妈妈叫回了家,说是家里来了客人。我刚进家门,一位和蔼可亲的叔叔就看着我问道,"孩子,你喜欢汽车吗?""喜欢!""那你就来上学吧!"看似简单的一问一答之间,我的造车梦重新被唤醒。

原来,这位叔叔是湖南吉利职院的袁校长,专程来我们蓝山县搞教育扶贫的。这所学校每年都会资助一批像我这样家庭贫困但符合条件的学生读书成才,但兴趣是最好的老师,想不想读还是要问一下学生自己的想法,所以有了上面校长和我的简短的对话。

这一年的秋天,我从山沟沟里的农村来到了伟人故里——人杰地灵的湘潭,来到了湖南吉利职院,来到了这么一所愿景和行动高度一致、以培养汽车类高技能人才为主的全日制高等职业院校。一走进校门口,哇!学院好大呀!实训楼里好多车呀!听老师说还是可以拆的,真好呀!

就这样,我成了湖南吉利职院的一名学生,我的造车之路也从此开启。

初来学院,先在炎炎烈日里度过了半个月的军训生活,其中的酸甜苦辣和各种磨炼让我变得更坚强;之后是雷锋班的重重考核,我也都一一通过,顺利成为雷锋班的一员;专业课上,老师们的教导,让我在汽车知识的世界里畅游。梦想的实现需要有坚实的基础，体能、品格、习惯上的"修炼"和专业课的学习，就是在给我内心的那颗造车的"种子"浇灌、施肥。我在等待，等待种子发芽的那一天。

造车的种子发芽了

2016年10月11日，校运会如期举行，学院田径场上热闹非常。裁判员一声令下，赛跑选手们拼尽全身的力气，朝着目标奋力奔跑。那个场面就像一粒火种，深深刺激了我，我内心那座关于梦想的"火山"一下子就爆发了。是的，我要像他们一样，朝着自己的目标，拼尽全力。"我要立刻行动！""我要造完全属于自己的赛车！"我在心里大喊。

第二天，我找到班主任张玉婷老师，开门见山就说"婷姐，我要造车！"班主任一下愣住了："造什么车？"显然，我太着急了，我缓了一口气，继续说："我想把课堂上老师说的那些关于汽车的知识变成现实，我想要自己制造一台赛车！"

这次讲清楚了，婷姐一听，非常支持，当即表示，她去问下这个事情怎么开展。后来，年级主任付炜老师了解到来龙去脉以后，也很支持我，但我这个项目落地要经过大量的实践，需要实训楼的场地、材料和设备。在付老师的引荐下，我找了实训中心主任赵俊锋，一位知识渊博的老师。

还记得第一次见面时，我怀揣着小小梦想，闯入了满是"大牛"的实训楼办公室，里面全是老师，个个都很客气地看着我这冷不丁蹿出来的小伙子。我和老师们聊起自己的梦想和我那不成熟的计划，并且表明了我的观点"来汽车学院就是来学车做车的，如果我学的东西都不能在我手上落地，那又有什么用呢？"他们欣慰地笑了起来，原来是来搞这个的呀！赵老师很赞同我的观点，同意了我使用实训楼设备及场地的申请，同时提了两点要求，一是安全第一；二是使用时要有老师陪同。

种子发芽了，我的造车梦就此迈开了走向现实的第一步。

第一批就有近30个人参加

造车是个大工程，我一个人单干不行，先要组建团队。我需要很多同样对汽车热爱，同时又身怀"绝技"的同学来一起完成这个梦想！

同寝室的同学陈鹏，动手能力非常强，他听了我的梦想，感受到了我的热情，也激发了他同样的梦想，他加入了进来，并且主动负责起车身焊接这一块的任务。来自广西的陈伟亮，也是个牛人，酷爱电脑，非常热爱自行车骑行，同时还进入了学院自行车协会，他对三维设计很热衷，在学院就设计出来一台 DIY 面包板控制的遥控小车，是团队急需的人才。经过我的"三顾茅庐"，他终于担任团队关于汽车设计这一块的任务。还有陈益民、蔡龙、刘金涛、罗梦琳、唐魏华、刘瑾林、刘宇轩、朱鹤、周清江、李建伟、黄先龙，等等，越来越多的同学们加入了我的团队，他们都是对汽车有着共同梦想的年轻人呀！

很快，我们的造车团队成立了。第一批就有近30个人参加。大家一起明确了目标：用老师教我们的知识，做一台能载人、有自主动力、能手动转向、能快速制动的小赛车。三个小组也随即成立，分别是制作组、设计组和宣传组。由于同学们的动手能力都还可以，大多都分到了制作组；设计组就陈伟亮一个人；宣传组是罗梦琳和几个女孩一起，主要是拍摄和制作视频。在小组的团队构架稳定后，我们就开始准备做车了。

每晚干到凌晨一两点

赛车制作是一个大项目，需要消耗大量的时间和金钱，还要动用各种设备，但这还不是最难的，最难的是我们几乎要从零开始，车身的每一处都需要我们自己一点一点摸索着去做。具体到每一处的位置、距离、长短、重量，等等，都是设计师和制作组一步一步设计、制作、磨合出来的。

经历过了无数次的施工、调整，每个不懂的地方，我们都在论证，在实践。还记得转向系、制动、车轮等配件刚到的时候，那股兴奋劲儿，几乎无法用言语形容！那段时间，大家都恨不得不吃不喝泡在焊接房里，立刻把车身制作完成，开出去驰骋一番。

大家都铆足了劲，加快速度制作，切割、打磨、钻孔、焊接，连续一星期，每晚干到凌晨一两点，看着梦想中的赛车一点点成形，大家一点没感觉到累。

终于，距离成功只剩一步之遥，可以试车了。

车子一下就窜了出去

我清晰地记得，那天空气湿润，刚好有献血车到学院来，我专门去献了血，还开玩笑说这样让自己不那么热血沸腾，可以更清醒一点去试车。试车这么危险的事情我必须头一个上，当各种准备工作就绪，我立刻坐上赛车，身后的同学搭电发车，我启动电门，发动机顺利点火发动，接着我踩油门、放离合，车子一下就窜了出去。

"哈哈，成功啦！"大家都欢呼起来！

在欢呼声中，我继续对车进行测试，通过测试发现，由于后传动轴与链轮传动法兰的焊接精度和热变形控制得不够好，导致链轮在链条转动过程中出现摆动。由于链轮是发动机将动力由变速箱传输到轮胎的唯一路径，在转动的每一周都会出现摆动，速度越快摆动速率也越快，那么就会有概率与链条脱开，使动力传输中断。

发现这个问题后，我们立刻对关键的传动法兰进行了加工、重制。可是我们在加工时发现，之前的焊接在后传动轴上留下了焊块，必须用机床把多余的焊块切掉，留下一根干净的后传动轴，才可以焊接传动法兰，加工到我们想要的精度，这对操作技术的要求很高，大家一时无法完成。关键时刻，我邀请了唐振老师帮助我们加工后传动轴这个部件，唐老师技术精湛，一下就加工好了，精度远超我们的要求，装配时传动轴和传动法兰配合非常好。焊接的时候我们也把焊接热变形给控制了。

这样，我们的第一台赛车就初步制作完成了。小小的赛车承载着我们所有人的梦想，在这一刻，梦想成真，真是幸福呀！

不知不觉就期末考试了，一个学期就过去了。沉浸在造赛车的世界里日子可过得真快呀。在大一第一学期做小赛车的过程中，我和团队都收获满满！在圆梦的同时，我的基础技能得到了充分的锻炼和提升，而且通过分工又合作，团队各位成员也得到了充分的锻炼。

我们做的赛车填补了学院相关方面的空白，做到了几个第一：第一台学生自主制造的赛车，第一个实践创新类社团。其实荣誉并不是我们的目的，只有梦想，向着梦想永不停止，经历这奋斗过程才是最享受的。

一个更清晰的目标

在做第一台车的过程中，我慢慢找到了自己下一阶段的目标，一个更清晰的目标——进军"中国大学生方程式大赛"。

在大一第二学期一开学，我就开始了筹备工作，和小组全体成员讨论，我们现阶段需要做一台大赛车，来证明我们可以做方程式赛车，从而得到学院的赞助，去参加大学生方程式比赛。在这个阶段，我们需要把兴趣小组升级成社团，这样会有更大的影响力。全体组员一致同意成立社团赛车协会。我们优化了协会各个部门的职能，给人力资源最薄弱的设计部招募了很多有电脑的新社员，过去跟着学习设计，争取把设计这块力量提起来。我们还向学院当时最厉害的三维制图软件老师段枭伟老师取经，努力提升我们的设计软实力。

我向学院申报了我们社团新的造车计划，学院非常支持，袁校长还调配了一台全新的吉利汽车给我们，委派了学院响当当的"莲城工匠大师"刘玄老师担任我们的指导老师，同时还专门到社团看望我们，嘱咐我们造车遇到困难需要支持的时候，可以随时找他。有了学院和袁校长这样的大力支持，我们都受到了极大的鼓舞。

这次我们要做的是一台大型的由钢管组成的钢管桁架阵列式双座敞篷赛车，我们计划将校长送的那台全新的汽车的发动机总成拿下来，放到我们这次要做的赛车上去，同时改变驱动形式，把发动机从车头前置前驱放到车尾变成后置后驱，让赛车拥有更加低矮的车头，更好的操控，更好的前后比重，以及更好的加速。这可是个大工程呀！

通过设计部陈伟亮、黄先龙的反复验证，我们确定了车架的可实施程度，并马上组织社团召开全体大会，和大家一起商量工作分工。在大家的热烈讨论中，我们很快确定了实施方案，然后立刻执行，在广州定了 4 根按图纸尺寸折弯好的车前主体梁。焦急等待了一个星期后，它们终于到了学校。我们兴高采烈地将 4 根主梁抬回焊接房，马上开始了下一步的制作……后续的过程中，陆陆续续地加入了好多志同道合的同学，比如自带焊接技能又不苟言笑的匡代星同学，他们的加入，让社团的力量更上一层楼。

在梦想的世界里，每一天都过得飞快。一不小心暑假就到了，可是车子连车架都才刚刚完成，主力社员陈鹏、陈伟亮、匡代星、陈益民主动提出跟我一起留校做车。之后半个月的时间里，大家同吃同住，不分昼夜地施工，将主车架与发动机的各个链接点结合好，吊装了发动机进行装配。开学了，我们又马不停蹄将悬挂系统和制动系统装好。接着是测试，测试完毕，就开始调整全车电路。这时全车电路的课程我们还没学，刘玄老师手把手地带着我们把全车线路剖开、分解，一个一个地解释。终于，在所有线路调试完毕以后，我们第一次接通电源，成功点火。那一刻，我们的内心无比激动。后来的测试和涂装，都非常顺利。我们的大赛车，也成功制作完成了。

后来，董事长李书福先生来学院视察，我们的社团和我们制作赛车的经历作为先进团体及先进事迹，在报告厅进行了展示，得到了董事长的高度肯定。

很多人问我，为什么做赛车？做了两台赛车了为什么还要继续？因为这就是我的梦，我们社团每个人的梦，也是大多数男孩子的梦。为了梦想，我可以拼尽全力！

学院给我们创造了这么好的条件，有这么多关心我们的领导和老师，在这个时候不去追梦，难道要等到以后去懊悔吗？

这就是我在湖南吉利职院造车的故事。

作者简介：谭准，2016 级汽检 1 班学生，曾担任学院汽车协会会长。

第六章 劳动教育

开心农场

齐礼

2012年3月初，时任学生处处长尹小萍心想，学院里到处是黄土，眼看着植树节就要来了，能不能搞一次植树活动，改变一下校园光秃秃的面貌？

跟后勤的老师们商议时，李强老师说，学院周边都是山，山上的小树苗多的是，不如组织同学们去山上挖小树苗回来种，这样也不用去买树苗了。

没想到的是，校园植树和上山挖树苗的计划遭到不少同学反对。有的同学不理解，嘀嘀咕咕地说："为什么上大学还要搞劳动？"有的同学竟当着老师的面说："我是来读书的，不是来搞劳动的。"

结合这些情况，尹小萍处长对方案进行了完善，一是要求老师带队，师生同劳动；二是增加了考核机制，登记完成情况；三是多鼓励，与不想劳动的学生进行深度交流和沟通。

植树活动如期举行，活动现场，尹小萍处长带领大家一起干了起来，各班主任积极参加并且做好记录，学生受到老师们的感染，干劲十足，那些开始不太情愿的同学，也在老师的督促和鼓励下，加入了进来，整个场面热火朝天。一棵棵香樟树苗、苏铁树苗被栽下、填土、浇水，逐渐成行、成林。望着眼前成片的绿色，老师们和同学们都收获了劳动的喜悦。

遗憾的是，移植的那些树，后来都没活下来，但这是一次很好的尝试。通过这次植树活动，我们发现了一些问题：受高考制度和社会风气的影响，现在的学生轻视劳动，不会劳动，也不懂得珍惜劳动成果。而此前，学院领导走访了很多用人单位，他们普遍提出的人才需求是"能吃苦耐劳"。

劳动问题不解决，我们的学生将来如何在社会上立足？2014年，袁礼斌校长提出，建设"开心农场"，培养学生的劳动意识。

撸起袖子，说干就干。我们当即选定现在的5号和6号宿舍楼的位置，着手建设首个"开心农场"。学院的老师和同学们都行动了起来，大家利用课余时间，在一片荒地上，开垦出一畦畦一垄垄整齐的菜地。

后来，我调到了后勤处，袁校长要求我把开心农场美化一下，增加吸引力，让同学们从"愿意"劳动进步到"喜欢"劳动。他还给我提供了很多他自己去韶山时拍摄的农田、菜地的照片，让我参考。后来，我们从学院附近的山上砍了一些竹子，把竹子从山上拖下来，去掉枝叶，削成细长的条，裁成相等长度的竹段，再用铁丝扎成长长的篱笆，围在农场的边缘。剩下的竹子，我们搭了一个凉棚，盖上茅草屋顶。远远望去，一派田园风光，农场竟有了几分诗意。

2014年11月16日，临近期末，第一届"开心农场"正式启动了。经过一段时间的准备，此时的农场已经初具规模，看着自己用汗水浇灌出来的土地，老师和同学们都干劲满满，信心十足，大家对来年的丰收充满了美好的想象。

春天来了，冬天里同学们撒下的油菜籽，开出了成片成片金灿灿的油菜花，花香四溢，引来蜂飞蝶舞，好一派春暖花开的景象！同学们喜滋滋地收获了足足一百斤菜籽油，全部送给了学院，感谢学院让他们在劳动中收获成长和快乐，更感谢学院让他们收获了一整个春天。

收完油菜籽，紧接着就是忙碌的春耕了。我们种下了各种能想到的瓜果蔬菜，一天天地浇水施肥，用手捉去叶片上的虫子；我们在地里扎上整齐的竹架，把黄瓜、丝瓜、豆角的藤小心翼翼地缠绕上去，让它们自顾自地生长；我们也种向日葵、杜鹃那些我们喜欢的花儿……

到了夏天，一个个葫芦瓜从凉棚上挂下来，在凉棚下穿行，不小心就碰到了头。嫩绿嫩绿的黄瓜鲜翠欲滴，随手摘一个下来，"咔哧"掰断，咬一口，满嘴的香甜可口。成畦的空心菜、辣椒、小白菜……直到秋天，大家收获了累累的果实，又开始新一轮的劳作。

春种，夏长，秋收，冬藏。在四季往复里，同学们不再觉得劳动是件多么辛苦的事情，心里反而装着满满的幸福感和成就感。他们学会了农作物的生长知识，也学会了劳动创造价值，认识了"劳动光荣、技能宝贵、创造伟大"的道理。

"开心农场"作为学院素质教育的一项特色项目，一直延续至今。随着学院的发展，"开心农场"已经从一块增加到四块，劳动的精神也渗透进每个吉利学子的血液里，滋养着他们成长成才。一个个吉利学子镌刻着吃苦耐劳的好品格走向社会，在每一个平凡的工作岗位上发光发热。

作者简介：齐礼，2011年4月入职，现任校工会副主席，招生办副主任。

开荒种地

付炜

2014年秋天是一个令我至今记忆犹新的秋天。那个秋天，通过开荒种地参加劳动，一批"雏鹰"从破壳而出，到羽翼渐丰，再到振翅飞翔，实现了快速成长。

"雏鹰"计划

那时我刚加入湖南吉利职院，担任辅导员，迎来了学院第一批五年制学生，也是我的第一批学生。大学生活应该是丰富多彩的，如何让同学们在大学期间保持健康的身心，各方面得到全面的发展，是我一直在思考的问题。

五年制招收的都是初中毕业生，相比三年制的学生，他们更加青春年少、思想活跃，内心充满对大学生活的向往，这是他们的优点。但也正是因为年纪较轻，这些学生普遍缺乏生活的历练，需要加强实践能力的锻炼。他们就如同刚刚破壳而出的雏鹰，跃跃欲试，但羽翼未丰，还需要加快成长。

如何加强实践能力的培养，我的初步设想是打造一个项目。既然这批学生像雏鹰一样，那就叫"雏鹰计划"吧。

具体打造什么项目呢？这天，我组织"雏鹰计划"最初招募的六个学生一同讨论，学生有学生的角度，我想先听听他们的想法。我们走在学院的大道上，看着正在建设中的校园，边走边谈，思考着我们的计划以何种形式开展为好。

开荒种地

走到学生宿舍楼后面的位置时，冯佳慧同学突然指着前方的一大片荒地，兴奋地说："要不我们开荒种地吧？"这句话瞬间打开了大家的思路，其他同学也积极应和："好呀好呀！""咦，这个想法不错哇！"

我一边看着学生讨论，一边在心里默默分析：这确实是个好提议，看大家现在的反应，学生们应该比较有兴趣，有兴趣就有动力，荒地是现成的，还能容纳足够多的学生……

这时，有学生转头问我，"付老师，真的可以吗？"我肯定地说："哪有什么不可以的，学院鼓励劳动呢，开干！"得到我肯定的回答，孩子们似乎已经看到了丰收的景象，当时就围在一起开始出谋划策，商量着怎样开荒种地。

很快，这个提议变成现实，开荒种地的实践活动开始了。但真动手干起来了，困难很多：这里杂草比人还高，地里石头不少，改造难度大；同学们没有握过锄头，没有种菜经历，还缺乏工具，劳动效率有待提高……但我们有办法将这些困难一一解决。

首先要对荒地进行清理。一阵"石头雨"落下后，荒地里的小鸟、野鸡、野兔、蛇……小家伙们纷纷落荒而逃。请走小家伙们后，同学们开始处理杂草，有拿工具清理的，有直接用手扯的，断断续续用了一个星期的时间，终于整理出了第一块像样的菜地。这一星期，同学们切实体会到了干农活的不易。

没有干农活的经验，不知如何下手种地，我们请来了懂行的老师作指导，借来锄头、水桶，买来肥料、种子，一切准备就绪。翻地、松土、施肥、播种、浇水、除草……每一步都在有条不紊地进行着，白菜种子在这里稳稳地安了家。

此后，就算学业再忙，同学们也会抽空来菜地看看，观察菜地的变化。有一天，地里冒出来星星点点的绿色，同学们三三两两地结伴而来，有的主动拔草，有的浇水，忙得不亦乐乎，劳动结束了还有同学蹲在菜地旁边不愿离开。

劳动的意义

有阳光的照射，有养分的滋养，有同学们的呵护，白菜芽苗长得飞快。当我们的菜长到手掌高时，学院决定全面规划建设开心农场，让师生们都参与进来。

让同学们头疼的是，学院农场规划的排水沟正好从他们长势正好的菜地里穿过，负责农场规划和管理的老师要求同学们把排水沟区域的菜铲除。几个女孩子一听，立马就稀里哗啦地哭了；几个男生很激动，丢下锄头就要走，嘴里说着："我们好不容易种出来的，打死我也不挖掉。"场面僵持了一阵，大家冷静下来，想想有了学院统一规划，农场会更好，劳动也更有意义，所以也就服从大局，挖掉了一些菜苗，接受了农场的规划。

接受是接受，大家还是有点心痛。有几个学生因为伤心，当天的饭都没有吃好。

毕竟,这是孩子们一点一滴靠双手劳动出来的成果,但生活就是这样,"小我"和"大我",成功和失败,都是需要面对的。

以后的日子里,大家想开了,劳动更有劲了。可能是因为被挖掉了一些菜苗,大家把心里的爱都倾注在剩下的菜苗上,对菜苗的照顾无微不至。菜苗长成了一株株大白菜,同学们将这些大白菜当生命对待,舍不得摘下来吃,任这些白菜继续生长,及至开花、枯萎。

白菜很便宜,劳动也很辛苦,但是整个种植的过程却让"雏鹰"们学到了很多,成长了很多。劳动的汗水洗去了他们脸上的稚嫩,对菜苗的呵护让他们更加懂得爱和珍惜,他们不但享受了劳动的过程,学会了劳动的技能,更养成了劳动的好习惯。这正是劳动教育的意义所在。

作者简介:付炜,2014 年 8 月 19 日入职湖南吉利职院,先后担任学生处辅导员、学生处处长、校长助理、副校长,2023 年 7 月入职湘潭理工学院,任学生处处长。

收获的味道

卢长晖

按建成时间的不同，学院的"开心农场"分为几期，第一期就在5栋和6栋宿舍所在的位置，当初还是一片荒地，是老师们带着2013级学生一起开荒建设的。

分地

地块确定后，后勤的老师用石灰画好了范围，然后就是"分地"。6栋的那几块地，是本地居民之前耕作多年的菜地，土层厚、肥力强；而5栋的地是生土，特别是南边的三块地，完全没有开垦过，碎石多，肥力差。稍懂种植的人都清楚，生土需要连续耕作好几年，才会慢慢变成熟土，种地的人需要花费大量时间和精力去管理，且前几年的收成都不会好。

每个班都期望分到6栋的地，没有一个班愿意分到5栋的地，怎么办？抓阄。很不幸，边上最差的两块地被我带的2013级汽制三班抓到。得知消息后，三班同学一片哀嚎。

运气差是运气差，但之前就定好了规矩，别的班级也不可能愿意换，哀嚎也没用。看到其他班级都开始动工了，三班也不能等。一番动员后，来自湘西的班级劳动委员汤先亮同学率先动了起来，其他同学也渐渐克服了畏难情绪，全部参与了进来。

翻地

地块差，整就完了，第一步是翻地。翻地的辛苦超乎想象。先要清理碎石，当别的班级清理完杂草，完成碎石并开始松土时，我们还只清完了较大的石头；当其他班级的同学一锄头下去就翻上来一大块土时，三班同学一锄头下去翻到的是石头，还撞出好大一个火花；好不容易挖进了生土，几锄头下去，锄头尖竟然都变形了！

两个小时后，其他班级陆续完成了开荒任务，三班好几把锄头都变了形，好几位同学的手掌磨出了血泡，整体进度还只完成了三分之一。令人欣慰的是，同学们都毫无怨言。我看到学生的手磨出血泡，上前询问，学生却转头来安慰我，说以前在家干活也这样，没什么大不了的。劳动彰显品格，这确实是一群能吃苦、能干事的孩子。

虽然大家依然劲头十足，但考虑到劳动的强度和学生的身体状况，我当即决定，当天的劳动结束，明天再干。

之后的几天，三班同学发挥蚂蚁搬家的精神，一锄头接着一锄头，一寸地接着一寸地，终于完成了开荒工作。

种地

开完荒还不能种植，还有很多准备工作要做，怎么育肥、选什么样的农作物，我们还要通过一系列新的考验。经过一番讨论，我们决定，先在生土上覆盖一层熟土、再撒有机肥做底肥，农作物就选易打理、不挑肥的土豆。

2014年11月，我们的土豆种下去了。为了有个好收成，班里成立了专门的农场工作小组，成员有汤先亮、马宝成、刘吉祥、刘方军、文雨恒、谷江峰等同学，主要负责农场除草、浇水等工作。

时间就这样一天天过去，我们的土豆虽然比其他班级的土豆长得稀疏、弱小，但在学生们的精心照料下，也一步步从破土发芽，到逐渐长大，终于开花结果了。

2015年4月，三班有同学偶然看到其他班有同学已经开始刨土豆了，个头还不小，便跃跃欲试，说不如我们也刨开一兜看看。我及时制止了他们这个想法，从苗的长势和露出的土豆来看，现在就刨很难有个好收成。要想劳动有成果，必须要有耐心，我告诉他们，慢一点、晚一点也没关系，还是让土豆继续生长一段时间，能长大一些是一些。

收获

五一前后，终于要开挖了。大家心里多少还是有些忐忑，很多人做好了最坏的打算。

那天下午，我们齐聚农场，共同见证收获的重要时刻。一声"开挖"后，大家纷纷挥起手中的工具，有几个急性子干脆直接拿手在挖。随着一颗颗土豆翻出土堆，大家心里悬着的石头落了地。

虽然看起来我们收获的土豆数量最少，个头也没有其他班的那么大，但最后装到桶里一称，哟，竟有二十三斤！

二十三斤，不多，但每一斤每一两，都是同学们辛苦劳动的成果。

土豆宴

收获有了，怎么处理这些土豆成了头等大事。听说其他班级有将土豆卖给食堂的，有送给老师的，也有就地烤着吃的。

三班同学集体商量后，觉得我们的土豆数量不多、质量不高，送老师拿不出手，卖给食堂连种子钱都不一定能收回来。有同学提议，不如到外面找一家熟悉的餐馆，自己动手，做个"土豆宴"，正好趁此搞个班级聚会，增进同学之间的感情。

这个提议好！大部分同学表示支持。

于是，就在那个周末，三十几号人，分三桌，用自己收获的土豆作为原料，每桌上了三个菜:一盘土豆炖鸡块，一盘清炒土豆丝，一盘土豆炖牛肉，名副其实的"土豆宴"。当然，不只有这三个菜，但其他菜都是"配角"，当晚绝对的"主角"，只能是土豆。

还别说，土豆虽小，但口感沙粉，味道甘甜，比外面买的确实要好。毕竟是我们从翻地、播种、除草、浇水等一步步种出来的，有我们辛勤的汗水，况且是在"不毛之地"上耕种出来的，当然是好味道！

这个味道，是付出辛苦之后收获的味道。

作者简介：卢长晖，2013 年 8 月入职湖南吉利职院，一直在学生处工作，担任辅导员、宿管科科长。

"厕所英雄"

刘人源

2016 年，吉利控股集团响应国家号召，全面启动了"吉时雨"精准扶贫计划，对学校建档立卡的学生免除一切学杂费用。后来，在实践中大家发现，这些学生负担日常生活费用还是有些困难，李书福董事长知道这一情况后，要求学校给学生再发放一些生活费。

袁校长专门组织学工口的干部、辅导员开会讨论发放生活费的事宜。会上，大家的意见出现了分歧，争论的焦点是发放方式，有人赞成直接发放，有人反对，觉得直接发放生活费，会影响贫困学生的心理健康。最后，校长提出，通过提供义工劳动岗位的方式给学生发放资助，学生必须完成一定工作量的义工劳动，让学生觉得是通过自己的劳动获得的报酬，这样既给学生发放了资助，又培养了他们的劳动意识、责任意识。

会上，袁校长还特别提到，要对义工劳动的岗位进行分类，简单的，如在图书馆整理图书，每月发放 300 元；最高级别的，是打扫厕所，每月发放 500 元。校长要求，每个厕所不限人数，重点是引导学生克服虚荣心理，培养健康阳光心态，两人打扫一个厕所可以，五人打扫一个厕所也行，发放标准都一样。能打扫厕所的学生，一定是最有前途的学生。

引导学生报名

根据学校的安排，我们马上着手开展学生的报名工作。义工劳动以校园卫生清洁为主，工作地点从校园主干道到教学楼走廊、楼梯，再到每一个厕所，覆盖了校园大大小小的角落。其中我们最关注的岗位，是扫厕所。

"扫厕所？"

"学生会认真打扫厕所？"

"一定是马虎了事的'面子工程'吧？"

"学院卫生间肯定还有专门的清洁人员维护吧？"

厕所义工岗位刚设置的时候，质疑声一片。提起"扫厕所"，很多学生或许会嘴上答应，却迟迟不见行动。的确，不只是扫厕所，整个义工劳动项目启动之初也面临着这一困境。为了改变这一情况，我们多措并举，引导同学们树立正确的劳动价值观，使得这一问题迎刃而解。

首先，召开义工招募会。所有"吉时雨"励志青年资助计划的建档立卡学生都是招募对象。

其次，寻找问题关键突破点。我们调查后发现，学生对扫厕所的抵触大多源于"个人印象"，在很多学生的印象中，厕所就是所有角落中最"脏、乱、臭"的地方，因此，在他们看来，保持厕所的干净整洁是难上加难的工作，大多数人都唯恐避之不及。为了让学生们改变这一印象，学生处处长付炜为校园厕所取了一个统一的名字"劳动研究所"，所有参与扫厕所的同学都是"研究员"，高大上的名称大大提高了同学们清扫厕所的兴致。

最后，树立典型，以点带面发出劳动倡议。在招募会上，我们放映了 2017 汽检五 2 班杨尚同学主演的《厕所英雄》，从劳动工具摆放，到卫生清扫，再到工具规整，通俗易懂的清扫讲解，让同学们清晰认识到清扫厕所并没有想象中那么困难。一时间，"研究所"的义工劳动岗位申报十分火爆，成为报名人数最多的岗位，几乎占了总人数的一半，经校长同意后，报名人员全部给予了安排，而获得"研究所"岗位的学生为成为一名"研究员"而骄傲。

弘扬劳动精神

经过一段时间的劳动，"研究员"们将"劳动研究所"作为校园生活的一部分，并向身边同学分享劳动心得。他们认为，劳动没有高低贵贱之分，在这个时代，所有劳动者都有自己应该承担的使命和义务，而作为新时代的大学生，只有从最基本、最简单的劳动开始，才能深刻体会那些辛勤劳动、默默无闻的劳动者的伟大。

经过"研究员"们的辛勤打扫，"研究所"变得更加干净整洁，而且往往能够保持很长一段时间，这一点尤为可贵。好的环境只靠"研究员"的打扫还不够，更需要大家的共同爱护。"研究员"们纷纷表示，每次在劳动过后，内心都期望身边的同学、朋友能够珍惜自己的劳动成果，所以他们会自发倡议身边同学尊重劳动，养成不乱丢乱扔的良好习惯，久而久之，珍惜他人劳动成果、尊重每一位劳动者已成为每个吉利学生的行为准则。这就是环境育人的力量，也是劳动的意义所在。

每个月，学院会对表现优异的"研究员"们进行表彰，在义工劳动的温暖大家庭中，大家从不会因为做一名厕所清扫员而被身边同学轻看，相反，同学们会不由自主地为"研究员"竖大拇指点赞，"研究员"们也经常会为自己而自豪，并不断在建设美丽校园的过程中使出浑身解数，与大家尽情分享劳动所创造的美好校园生活。

分享劳动快乐

为了防止地面太湿打滑，"研究员"们会在拖完地后再用干拖把拖一遍吸水，使地面快速变干；为了保持洗手台的干净整洁，他们会一遍又一遍地擦拭每一个角落，再将周边水渍擦干；劳动结束，他们会将劳动工具整齐地摆放在固定区域，将灯光关闭后默默离开，他们用无言的行动为我们诠释什么是"任劳任怨、敬业奉献"。

有时候，"研究所"也会因为停水导致异常脏乱，但"研究员"们依然坚守在岗位上，他们说："初次面对这些问题确实会感到压力甚至抗拒、恶心，但因为对劳动的热爱让我们克服了这些难题，脏了就洗干净、湿了就擦干，大不了一边唱歌一边劳动，既宣泄了自己的情绪，也让自己在舒适的旋律中慢慢地就把卫生搞干净了，好像也没什么大不了。"

劳动使人快乐。日复一日地清扫"研究所"，"研究员"们从未感到厌倦，相反，在他们身上，我们看见越来越多属于新时代大学生的活力与朝气。当你迈进卫生间，凑巧碰到"研究员"们在劳动，你总能收到他们热情的问好，或许还能听见他们伴着悦耳的音乐轻轻地哼唱。

面对这样一群可爱的"研究员"，有人会认为他们是为了义工生活补贴而不得不尽义务和责任，但在更多人眼中，他们是出于对劳动的热爱才会精益求精，做好岗位中的每一个细节，他们用劳动燃放青春的激情，激漾人生的风采。

目前，学院的"研究员"队伍已达百余人，尽管精准扶贫已经结束了，但扫厕所这个岗位保留了下来，每年9月，大家会争先恐后申报"研究所"岗位。他们通过自己的努力，树立了正确的价值观，理解了劳动和奉献的意义，成长为真正的"厕所英雄"。

作者简介：刘人源，2018年11月入职湖南吉利职院，曾担任学生处资助中心主任、就业创业指导中心主任，2023年入职湘潭理工学院，现任校大学生就业指导服务中心就业指导科科长。

一份特别的礼物

刘蓉蓉

　　一天晚上七点多，我正要下班，忽然听到有人敲门。说一声"请进"，没进，再说一声"请进"，还没进！我过去打开门，只见一个男同学站在门前，提着一个很大的红色塑料袋，怯怯地问："老师，您要菜吗？"

　　我一愣，随即想到，应该是今年的农场丰收，学生又来送菜了，"要，进来吧。"学生走进来，将手里的袋子递给我，转身想走。早就听闻学院农场搞得好，正好跟学生当面聊一聊，我赶紧发问，"你给老师送的是什么菜呀？"他说："好几种。"

　　我打开袋子一看，有黄瓜、茄子、西红柿、辣椒、南瓜和长豆角，真的好多。看他一脸的汗水，让他坐下，他不肯，我便拿了一瓶水给他，两人一问一答唠起嗑来。

　　"这些菜是你种的吗？"

　　"和班上同学一起种的。"

　　"你在家就会种菜吗？"

　　"不会，是来学院后学的。"

　　"那你喜欢种菜吗？"

　　"以前不喜欢，现在喜欢了。"

　　"以前为什么不喜欢？"

　　"怕脏，怕累。"

　　"现在怎么就不怕啦？"

　　"现在习惯了，不怕了。每天一下课就去农场，浇水、搭架子、拔草，看着菜苗一天天长高，果实一天天长大，特别开心。"

　　看来他是真心喜欢，本来有点紧张的小伙子，一提到农场，似乎一下打开了话匣子。

　　"你们辛苦种出来的菜，为什么不自己留着吃？""老师们平时教导我们也很辛苦，学生送不了什么贵重的礼物，把菜摘下来送给老师，我们特别高兴。"热爱劳动，同时还很有感恩之心，真是好样的！临走时他说："老师，我以后还给你送菜。"

一袋子的菜背后，还有这么真挚的情感，我十分感动，这种感恩之心，才是最贵重的礼物啊！重新打开塑料袋，里面所有的菜都愈发显得清新可爱：几根黄瓜，大脑袋，小细脖，像蝌蚪；茄子又黑又亮，圆嫩新鲜；西红柿不大，却透着自然长熟的红；辣椒很绿，闻着很辣；长豆角，细细长长，均匀清爽，是这些菜里的颜值担当……我拿了黄瓜和茄子，剩下的，明天再与其他老师分享。

当天的晚餐，稀饭就着渍黄瓜、拌茄子，清淡、新鲜。那个送菜学生的话，不时地回响在耳边，从不会，到会；从不喜欢，到喜欢；从怕脏怕累，到自觉行动；从辛勤劳作，到分享果实。他们在农场劳动的过程，也是思想转变的过程，这就是劳动教育实实在在的成效。

学院开辟一片农场，搞一块试验田，让学生通过劳动，强化劳动观念，弘扬劳动精神；培养学生热爱劳动，热爱劳动人民，自觉抵制好逸恶劳、贪图享受、不劳而获、奢侈浪费等恶习的影响。这种劳动教育，对于学生的成长成才来说，何尝不是一份宝贵的"礼物"。

我非常认同学院的劳动教育。像这些学生这么大的时候，我也经历过一场轰轰烈烈、受益终身的劳动教育。那时候，学习的是"劳动创造人类、劳动创造价值"的马克思主义学说，批判的是"手不能拎、肩不能扛，四体不勤、五谷不分"的落后习性；倡导的是"教育必须与生产劳动相结合"的观点；响应的是"知识青年到农村去，接受贫下中农再教育"的号召。正是在这一系列劳动思想的感召下，我不顾家长的反对，义无反顾把自己下放到了没有电、没有水、黄沙滚滚的内蒙古科尔沁草原。经受了三年脱胎换骨的"贫下中农再教育"，把自己变成了典型的农民。

那三年，我认识了五谷稻菽，学会了所有旱地作物从种到收全过程的劳动技能，学会了养猪、放羊、接羊羔、打羊草，学会了夯地、修路和筑坝。最令我受益的是，学到了坚韧不拔、吃苦耐劳的精神，练就了勇敢顽强、不畏艰苦的坚定意志，养成了热爱劳动、尊重劳动的思想品格。那三年，我曾与农牧民同吃、同住、同劳动，曾与牛羊同槽共饮，曾与骆驼相伴取暖，曾用牛粪羊粪烧火煮饭，曾在煤油灯下写信夜读，曾与生死擦肩而过。所有这些经历，对我的一生影响深远。有了这样的经历，我的生命不敢懒惰，生活不敢骄奢，职守不敢懈怠。

时代变迁，随着社会的发展，科技的进步，原本需要身体力行的事情，已被机械和电器所代替。德智体美劳，往往因过度追求"智"，而忽视了"劳"。学生的劳动机会减少、劳动意识缺乏，出现了一些不会劳动、轻视劳动、嫌弃劳动、不珍惜劳动成果的现象。

湖南吉利职院让我重新感受到了劳动的氛围和意义。学院的劳动教育，不是纸上谈兵，不是教室里的敲黑板、画重点，而是土、种、水、肥，锄、镐、桶、铣，师生同耕，行之有效。综观学院的《劳动教育大纲》，虽没有洋洋洒洒的文字概念，却有原则、有目标、有标准、有方案，有的放矢，切实而行。习近平总书记说："幸福不会从天降，美好生活靠劳动创造。"学院历来重视劳动教育，上好劳动教育课，让学生通过校内外劳动、公益劳动，塑造品行，磨练意志，懂得感恩和回报，最终做到以劳树德、以劳增智、以劳强体、以劳育美，为成就幸福人生奠定坚实的基础。这份良苦用心，学生们应该体会到了。

劳动创造生活，劳动创造幸福。每个周二下午是师生劳动日，你总能在校园里看到浩浩荡荡的学生队伍走向"开心农场"，走向土地。我想，他们也在走向未来，走向希望。

作者简介：刘蓉蓉，2017 年 3 月 15 日至 2022 年 12 月 30 日，任湖南吉利职院办公室副主任，兼档案科科长。

第七章　雷锋班

最美"迷彩蓝"

邓捷　黄勇庭　颜勇　秦召龙

——向往迷彩蓝，成为迷彩蓝，传承迷彩蓝。

——在学雷锋中描绘青春，迷彩蓝是最亮眼的颜色。

——一身迷彩蓝，一生雷锋魂！

关于"迷彩蓝"，有太多美好的记忆和难忘时刻……

最初的向往

还没踏入湖南吉利职院的校园，我就看到了那抹迷彩蓝。报到这天，校门口几位身着蓝色迷彩服的人在给新生测量体温和消毒，我暗自猜想："这该不会就是带我们军训的教官吧？"

走进校园，处处可见迷彩蓝：有的在路口指挥来往车辆，有的在给新生引路，有的在和家长交谈，有的在像军人那样跑步前进，好像是急着赶去哪里……他们在各自的位置上忙碌着，但无一例外，每个人都是身姿挺拔、举止干练、谈吐自信、服务热情，在迷彩蓝的映衬下，散发出一种青春向上的气质，让人向往。

我向过路的一位迷彩蓝请教："你们这样穿蓝色迷彩服的是什么人？""我们是雷锋班的成员，正在做迎新志愿服务工作。""什么是雷锋班？""雷锋班，以雷锋的名字命名，旨在学习、宣传、弘扬、传承雷锋精神，发扬传帮带，实行'课时为生，课余为兵'的半军事化管理模式。"

"雷锋班正在纳新，欢迎你来咨询报名"，学长临走时对我说。太好了！当天，我来到雷锋班纳新点，在报名表上郑重写下了自己的名字。

军训期间的一天清晨，我又看见了迷彩蓝。升旗仪式上，十几名雷锋班成员组成了国旗护卫队，他们朝气蓬勃、容光焕发、动作一致，十几个人如同一人在前进。那一刻，我大受震撼，心中的向往更加强烈了。我暗下决心，一定要通过选拔，穿上迷彩蓝，成为他们当中的一员。

青春的底色

军训结束后，我顺利通过面试，成为一名雷锋班预备成员。接下来两个多月，我将经历各种磨炼和考验，直到有资格成为一名正式的雷锋班成员。

根据安排，我们住进了统一的"营房"，接受军事化的管理和训练。被子要叠成方正的"豆腐块"，开口统一朝外，桶、脸盆等个人洗漱用品要摆成一条线，地板要干净得照出影子……这些是雷锋班宿舍的基本标准。每天早晚出操，每周一升国旗，每周二、周四举行学习会，每周日开展班务会，每月进行批评与自我批评民主生活会……这些是雷锋班雷打不动的规定。

身边常常有同学会问："雷锋班那么累，你为什么要加入？"我相信每个加入雷锋班的同学，答案都是一样的——向往，向往成为更好的自己，向往成为雷锋那样的人。相较于普通的大学生活，雷锋班的要求很高、训练很累，但是，因为共同的向往，我们汇聚在一起，互相鼓励，共同成长，收获了朋友，也收获了快乐。长期纪律严明的军事化管理和训练，磨炼了雷锋班钢铁般的意志，养成了雷锋班的浩然正气。我们逐渐成长为严于律己、勇于挑战，敢于吃苦、甘于奉献的一群人。

因为向往，所以选择，因为选择，所以奋斗，迷彩蓝就是奋斗的色彩。两个多月的经历让我们明白，迷彩蓝就是青春最美的底色。

新的起点

11月末，我们迎来了班服发放的日子。班服本身不重，但承载着一份嘱托、一种责任，捧在手里，沉甸甸的。发放仪式简单却又隆重，没有欢呼雀跃，没有多余的话语，但在接过迷彩蓝的一刻，每个人的心潮在涌动，那是一股交织着幸福、骄傲和喜悦的情感，那又是多么令人难忘的一刻啊！从一开始的向往迷彩蓝，到穿上迷彩蓝，我们距离成为真正的迷彩蓝，越来越近了。

之后，我们迎来了雷锋班的传统心理素质测试项目——挑战大魔王。那天晚上，冷雨沥沥，寒风刺骨，成员们一次次走向"魔王"，发出挑战，却又被一次又一次"击退"……待成员们全部通关后，已是凌晨三点，中途没有一个人放弃。挑战很艰难，但也充分激发出了每个人永不言弃、坚持到底的精神。大家都是好样的。

终于，雷锋班入班宣誓仪式如期举行了，在长沙雷锋纪念馆雷锋雕像下，全体雷锋班成员高高举起右手，郑重宣誓，"我志愿加入'雷锋班'，坚定理想信念，继承光荣传统，时刻不忘使命担当，努力争当新时代雷锋传人……"铮铮誓言，铿锵回响！这天，我们终于卸下了"预备"二字，成了一名光荣的雷锋班正式成员。

迷彩蓝，既要穿上身，更要见于行，记在心，指导员张权老师经常跟我们讲，加入雷锋班，就要做好长期坚持、久久为功的准备，穿上迷彩蓝，就要担负起传承雷锋精神的责任。

迷彩蓝，赋予了我们新的身份，更开启了我们人生新的起点。

这一天，是我们两年雷锋班生活的起点，我们严于律己，勇于挑战，朝着"好品格、好习惯、好技能"的目标，孜孜以求，树立榜样；我们敢于吃苦，甘于奉献，在各类实践活动和志愿服务中，高举旗帜，始终在前。

这一天，也是我们一生学习雷锋、做雷锋传人的起点，正如雷锋班班歌中所唱的那样，"历经了风雨我们志向不移，把雷锋火炬来传递……"

作者简介：邓捷，2020级电商2班学生，第七届雷锋班宣传组组长；黄勇庭，2019级汽检2班学生，第六届雷锋班班长；颜勇，2019级新能源3班学生，第六届雷锋班国旗护卫队副队长；秦召龙，2017级汽检4班学生，第四届雷锋班班长。

我与环卫工人的一天

潘飞

转眼间离开母校已经 4 个年头了，4 年时间里，我时常会想起大学里的美好时光，特别是在雷锋班的那些日子。2014 年冬天的一个周末，我作为雷锋班的一员，参加了学院组织的"我与环卫工人的一天"志愿服务活动，据说这是袁校长要求学生处组织的，目的是让学生体验一线劳动的艰辛。这是对我的成长影响深远的一次志愿活动。

5:00

"叮铃铃……"一阵刺耳的闹钟将我从睡梦中叫醒，此时窗外寒风凛冽，室友的鼾声还在此起彼伏。"外面一定很冷吧，还是睡觉舒服"，我心念一转，一股懊悔、纠结的情绪顿时涌了上来，回想自己报名时的场景，想象着与环卫工人一起工作的难得体验，我终于成功说服了自己，起床前往了集合地点。

"大家加快步伐，跑起来，我们马上要出发了！""天气寒冷，安全第一，为大家的志愿服务精神点赞！"集合点附近，一个温柔而又充满力量的声音一直在为我们加油鼓劲。此时天还未亮，这些鼓励却像提前而至的一缕阳光，点亮了大家的激情，温暖了每个人的身心。大家热情满满地接过红马甲，有序乘坐车辆去往活动现场。

6:00

到达目的地后，先进行人员分工，我被分配和一位年纪稍大的叔叔一组。这位叔叔看起来普普通通，就是生活中最容易被人忽视的群体中的一个。可是因为这次活动，我们的人生轨迹产生了交集。最普通的环卫工人，即将成为我一天的"老师"，带着我一起劳动。

没有什么寒暄，叔叔转身带着我往自己负责的路段走去，步伐很快。或许看出了我的不解，他一边走一边解释："7点之后路上车多了就不方便工作了，一定要在7点之前扫完。"7点之前？我有些惊讶，但更多的是敬佩。现在很多人埋怨早起学习和工作的痛苦，却不知在整个城市苏醒之前，有一群环卫工人已经完成了自己的工作。

7:00

经过将近一个小时的"奋战"，我们完成了清扫任务，马路上的车辆多了起来，叔叔带着我转移到了人行道区域。人行道需要清扫的"重灾区"是绿化带，粗看之下没有什么，实际上"埋伏"了许多烟头、食品包装等垃圾。

我扒开绿化带俯下身子钻进去捡，刚进去就被叔叔叫停了，他有点急促地说，"你快出来，等下还要回学校的，不要把衣服弄脏了"，说着拿来一把火钳，熟练地把隐藏在深处的垃圾一一处理掉。一把简单的火钳，没想到这么好用，看来干什么活都要学会借助工具，讲究方法，不能蛮干。我接过火钳，后面的清扫就顺利了很多。

12:00

经过半天的相处，我与叔叔渐渐熟络起来。休息时，叔叔指着前方的一片区域，感叹社会发展的日新月异，"这附近以前都是黄土，不到几年时间，高楼大厦都建起来了"。"这里面少不了您的一份功劳"，我接着他的话讲。"这算什么功劳，"叔叔连忙否认。"当然有，你们的工作看着不起眼，少了还真不行"，我说得诚心诚意。叔叔笑了笑，没再说什么。

我好奇地问："环卫工人的薪资如何？"叔叔笑着回答："工资不高，赚点辛苦钱"。"这么辛苦，您怎么坚持到现在的呢？"我追问。"……就是这个样子。"叔叔轻声答了一句什么，我没有听清，但我知道他的意思，大概就是"干一行爱一行""生活本该如此"之类的吧。叔叔或许没有多高的表达水平，也可能就是不想说出心里的话，他的沉默就是最好的回答。

16:00

下午4点多，我们赶去清扫一段高速公路匝道。这段路没什么垃圾，基本就是一些小石头，但也要及时清扫，不然就会给过往车辆带来安全隐患。

开始打扫前，叔叔抢先对我说："这条路没什么垃圾，我来就行了，你就在原地等着吧……"虽然是匝道，这里车来车往的速度还是比较快，叔叔这是为了确保我的安全。

从那时起，我就经常告诉身边的人，出门在外一定要爱护环境，要珍惜环卫工人的劳动成果，不要随意丢弃垃圾，尤其是不要车窗抛物，我们随手一丢图个方便，却需要环卫工人冒着危险去清扫。

22:00

与环卫工人的一天结束了，我们一起返回学校，回到了熟悉的学生生活，但叔叔的身影还不时浮现在眼前。当晚，我躺在床上，久久不能入眠。我回想着与环卫工人这一天，突然明白了一些道理。

人们常说，"劳动光荣"，"要努力在平凡的劳动岗位上创造不平凡"，但为什么光荣，如何创造不平凡，没有亲身实践，很难有切身的体会。环卫工确实是一个平凡的岗位，平凡是因为细节，就是一颗颗石子、一处处草丛，不平凡也同样在于细节，把每一个细节做好，需要的是几年如一日的坚持，需要的是一份尽心尽力的责任，一个个细节累积到一起，就是"光荣"。学院安排的这次活动，让我在与环卫工人一起劳动的过程中，真正明白了这些道理。

2016年，我开始实习，工作很辛苦，好几次都想放弃，但脑袋里总能第一时间浮现出叔叔的身影，退缩的念头马上就被打消了。工作不分贵贱，干一行就要爱一行，现在，我是汽车生产一线的一名班组长，时刻严格要求自我，主动奉献，努力实现自己的社会价值。

作者简介:潘飞，2014级汽检1班学生，第二届雷锋班成员。

永不褪色的旗帜

张权

"正步走！"一声嘹亮的口令响起，"雷锋班"班长任世杰正步走向主席台中央，将"雷锋班"班旗交到了继任班长康俊豪的手中，一并交接的还有那句嘱托，"希望你继续高举雷锋精神旗帜，做好新时代的雷锋传人……"

这是湖南吉利职院雷锋班班旗交接仪式上的一幕。手手相传的是旗帜，永不褪色的是雷锋精神。多年来，雷锋班坚持践行雷锋精神，在品格教育、学生管理、社会服务等方面发挥了重要作用，已经成为代表学院"三好教育"人才培养特色的一面旗帜。

"朝着前方那面旗"

提起雷锋班班旗，我总是第一时间想到那个颇具象征意义的场景：学院组织的"励志青春，放飞梦想"30公里拉练活动中，为各班带队的雷锋班成员一边维持队列秩序，一边向大家喊话加油："注意保持好速度，朝着前方那面旗，列队前进，大家加油……"最前方，由雷锋班成员组成的旗手方阵上方，雷锋班班旗迎风招展，是整个队伍追随的目标。

这个场景，正是雷锋班在全校学生中充分发挥标杆作用的一个缩影。一直以来，雷锋班成员以过硬的素养、良好的习惯、优异的成绩，成为同学们学习的榜样，影响了一批又一批吉利学子学雷锋、做雷锋，真正做到了"立身为旗"。

立身为旗，听起来很荣耀，但要想做到，十分艰难。第一，要常怀一颗赤诚的心——要有对雷锋精神真挚的爱，要有为国家、为社会、为学院奉献青春力量的使命感、责任感和集体荣誉感；第二，要有坚强的毅力、吃苦耐劳的品质和过硬的身体素质，学雷锋需要长期坚持、身体力行；第三，要养成良好的习惯，将雷锋精神融入一言一行，同时能够影响和带动他人；最后还要勤奋好学，在学业上取得较好的成绩。雷锋班的同学们做到了，近年来，雷锋班先后有 800 余人次荣获优秀劳动青年、优秀青年志愿者、创新创业一等奖、一等学年奖学金等荣誉。

取得这样的成绩，离不开学院的一系列举措：多种形式加强思想政治教育；搭建各类实践平台，通过一系列校内外活动，引导学生边学边做；实行半军事化的管理模式，集体生活和训练，等等。

其中，半军事化的管理和训练在雷锋班成员好习惯的培养上发挥了至关重要的作用。曾经有人质疑，每天安排的训练那么辛苦，肯定会影响到正常的学习。而实际的情况恰恰相反，正是因为有了定期的训练，极大增强了雷锋班成员的时间观念和规范意识，他们的学习效率更高了。对此，雷锋班成员秦召龙深有体会，曾经的他也每天浪费很多时间在睡懒觉、打游戏上，是雷锋班让他学会合理分配时间去做更多有意义的事，让自己的大学生活更加充实。

"我很怀念我在雷锋班的日子，因为雷锋班不是一个人，而是一群人"，秦召龙告诉我，每天和一群小伙伴一起训练，一起吃苦，一起吃"鸡腿"，是一种幸福。而跟优秀的人在一起，无形中就会得到提高。秦召龙跟我分享了他和室友李映的故事：一个周末，两人去长沙橘子洲游玩，走着走着李映不见了，回头去找才发现，他在路边捡垃圾。秦召龙半开玩笑半认真地劝李映，"这么大的岛，你是捡不完的"。"没关系，捡一个就少一个"，李映的回答很简单也很坚定。秦召龙觉得自己的"格局"一下子打开了，那一刻他明白，弘扬雷锋精神不是做给别人看的，而是要在平常的生活中身体力行去做。这正是雷锋班的魅力所在，也是雷锋精神的力量所在，团结奋进的氛围，会促使所有雷锋班同学相互学习、相互影响。

由点及面，雷锋班带动了越来越多的学生一起进步。蒋婉青一直担任班级的团支部书记，学习成绩也是班上前几名。这很大程度上得益于她在雷锋班养成的自律性和进取心。蒋婉青早睡早起的习惯，让文丹等几个室友很受触动。在她的影响下，整个宿舍五个人在作息时间上保持了一致，上课总是坐教室第一排，还积极主动向老师提问，与老师交流，五个人的成绩在班上都是名列前茅。

"看到这面旗就安心"

校园内，雷锋班是同学间的模范生；走出校园，雷锋班是志愿服务的先锋队。

湘潭北站是雷锋班校外志愿服务的一个重要站点，距离学院三公里左右。每逢周末、节假日，雷锋班志愿者都会主动来到车站，一个小队六到八个人，分别在进站口、饮用水取水点、出站口、安检口、购票大厅等处开展志愿服务。尽管都是一些辅助性的工作，但他们做起来都一丝不苟。高铁站的相关工作是需要严格培训才能上岗的，起初站里还担心他们能力不够，而雷锋班用周到的服务、严谨的作风证明了自己。

雷锋班的志愿服务，让乘客的出行更加轻松便捷，也减轻了站内工作人员的压力，获得了大家的一致认可。"他们穿着迷彩服，排着队来，排着队回，纪律性很强，服务很周到，看到他们的旗帜，就让人觉得很安心。"谈起对雷锋班志愿服务的评价，湘潭北站工作人员张冬冬不吝溢美之词，"雷锋班来我们这里做志愿服务这几年，我们站长换了几任，每一任站长都对雷锋班志愿者赞赏有加。"

而湘潭北站只是雷锋班众多志愿服务点中的一个。近年来，雷锋班的足迹还定期出现在湘潭汽车站、湘江河岸、周边社区等地，从事服务乘客、宣传雷锋精神、保护母亲河、关爱留守儿童和孤寡老人等志愿服务。据不完全统计，他们近年来常规性开展涵盖环保、助残、助老、体育、美育等主题的公益活动 400 余次，平均每人每年志愿服务超过 300 小时。

雷锋班到哪里，雷锋精神的旗帜就到哪里。雷锋班以志愿服务为载体，将服务人民、助人为乐的奉献精神践行到底，成为湖南高校志愿服务的一面旗帜，让湘潭这片红色热土更加暖心。

"要做代表学院的一面旗帜"

雷锋精神的内涵是丰富的，雷锋精神也是干一行爱一行、专一行精一行的敬业精神，是锐意进取、自强不息的创新精神，是艰苦奋斗、勤俭节约的创业精神。从设立之初，雷锋班就注重对学生敬业精神、创新精神、创业精神的培养。究其根源，离不开学院一直秉持的办学思路——面向社会需求办学。社会的需求是什么？是德才兼备的高素质应用型人才，其中德是第一位的。为此，袁校长创新性地提出了"三好教育"理念，培养"好品格、好习惯、好技能"兼备的高素质应用型人才。其中"好品格"的重点，就是敬业精神、创新精神、创业精神。为什么雷锋班的志愿者服务能够得到广泛认可？除了全心全意地服务以外，一个重要原因就是他们具备了社会需要的"好品格"——职业素养，包括时间观念、服务意识、规矩意识、敬业精神、艰苦奋斗的品质等。这些素养的培育，贯穿于雷锋班平时训练和实践的全过程。

"三好教育"理念与雷锋精神的内涵高度一致，是在新时代对雷锋精神的一种传承和延伸。雷锋班也绝不只是一个志愿服务的团体，更是学院人才培养模式创新实施的载体。这种模式无疑是成功的，多年以来，雷锋班一次次走出校园，他们的职业素养在各类活动和实践中得到了锻炼，也经受住了检验。

2020年9月，中国网球公开赛长沙巡回赛在长沙月亮岛举行，主办方特别邀请雷锋班承担21天的大赛志愿服务工作，80名雷锋班成员在场服、司线、球服、媒体、后勤等岗位上，为运动员、教练员、观众提供服务，包括捡球、传球、撑伞、递毛巾等。这些看似简单的小事，却是保证比赛顺利进行的重要因素，有着严格的标准和极高的要求，是对雷锋班的一次考验。

赛事前几日遭遇连续降雨，给场地服务组志愿者带来严峻挑战。雨水过后，志愿者要用毛巾吸干场上的积水，保证比赛以最快速度开打；网球赛场的红土全部由法国进口，负责场服工作的志愿者需要每天对12片红土网球场进行仔细维护，撒土、碾压、画线、扫线，每个环节都要一丝不苟地完成；分发物资的志愿者需要比运动员先到，布置好场地，在所有比赛结束之后才能离开，时间线拉得比较长，需要长时间坚守岗位……

"一开始确实觉得腰酸背痛的，但大家体能都还不错，坚持下来也就适应了"，"确实比较辛苦，会遇到一些突发情况，好在我们本身就是一个团队，大家都很默契，互相帮助，也就不觉得辛苦了"，"这与雷锋班平时的严格要求是一致的，也与雷锋精神是一致的，所以我们完成得很好"，雷锋班成员跟我分享起他们的工作感受，言辞间自豪满满。

活动开始前的动员会上，大家曾表达过一个共同的意愿：走出学院，雷锋班就是代表学院形象的一面旗帜，保证完成任务，不给学院丢脸。事实证明，他们做得很好，活动结束后，雷锋班收到了组委会的感谢信，同时还获得了"优秀志愿者团队"称号。他们不愧是代表学院人才培养质量的一面旗帜。

"我们在学院成立雷锋班，是要传承雷锋精神，也是要为高职院校人才培养树立一面旗帜。"正如袁礼斌校长所说，成立雷锋班，就是在学院播撒一颗颗雷锋精神的种子，培养其健康成长，并让雷锋精神传遍三湘四水乃至神州大地。

如今，越来越多的雷锋班成员从学院毕业，走向社会，在生活和工作中继续传承发扬雷锋精神。红旗不倒，火种绵延。愿学习雷锋的旗帜永不褪色，永远飘扬。

作者简介:张权，2017年6月入职湖南吉利职院，先后担任辅导员、学生处办公室主任、学生服务中心主任、雷锋班指导员。

从一团火到满天星

秦召龙　梁洪禹

"聚是一团火,散作满天星",每一位"雷锋班"成员,都是雷锋精神的种子,如今,这些种子正在开花结果!

秦召龙:做雷锋精神的种子

2014年3月11日,习近平总书记在接见某工兵团雷锋连指导员谢正谊时说:"雷锋精神是永恒的,是社会主义核心价值观的生动体现。你们要做雷锋精神的种子,把雷锋精神广播在祖国大地上。"这句话一直激励着湖南吉利职院雷锋班的每一个人。

最重要的决定

人的一生会做很多个决定,有的决定会影响我们的一生。大学时光里,有两件事使我发生了巨大的改变。一是很幸运遇到优秀的辅导员老师给我指路,二是很荣幸加入了雷锋班得到锻炼。除了上课之外,我几乎全部的时间都待在雷锋班里,长时间受到雷锋精神的熏陶,潜移默化地让我树立了积极向上的"三观"。

对雷锋班,我充满感激。感谢雷锋班,感谢我的班长们,锻炼了我,磨炼了我,成就了我,如果没有雷锋班,或许也不会有现在的我。雷锋班让我找到了目标,因为雷锋班,我的思想得到了升华;因为雷锋班,我的个人能力得到了提升;因为雷锋班,我获得了更多工作机会。

与雷锋精神同行

时光如流,岁月不居。几年时间里,我从湘潭到南京,再到现在所在的广西,一路走来,一路打拼,但我并不孤单,因为有雷锋精神一直激励着我。

大三实习的时候,由于我是雷锋班国旗护卫队队长,又当过一年吉利企业大学

"奋斗者追赶计划"的助教，有丰富的带训、管理经验，我应聘上了吉利湘潭基地人力资源部军训教官一职。

实习结束后，由于在雷锋班积累的经验和军事技能，我前往南京市栖霞区十月军校，担任军训教官，给学生传播国防知识，教学生体验军训生活。训练之余，我便给学生讲解雷锋事迹、红色故事，鼓励他们乐于奉献，传递正能量。对于这些学生来说，我只是他们人生中的一个过客，但我希望通过自己的言传身教，让他们对雷锋精神有更深的体会，对生活、学习有一些积极的影响。

这三年，我每年都报名了征兵，但体检的原因，一直没能通过，这成了我的遗憾。领队派我去担任新兵役前集训班长，集训期间，每天和新兵们一起吃饭、睡觉，实行准军事化的管理模式。当最后一个新兵被接兵干部接走后，我的带班任务就算是圆满完成了。新兵们带着各自的梦想，也载着我的梦，去到了祖国最需要的地方发光发亮着。

播下新的种子

我也找到了自己的位置继续发光发亮，现在，我正从事着体验式教育的工作，在广西玉林市博白县退役军人创业孵化基地担任幼儿军警课教官，从事幼儿爱国主义教育工作。每天都去不同的幼儿园上军警课，用言传身教去影响小孩子，传递爱，传递正能量，组织他们开展社会志愿活动和义务教育劳动，给他们讲雷锋当年的成长历程和英雄事迹，传唱雷锋歌曲，普及国防知识，开展爱国主义教育，在他们幼小的心田播下一颗"为人民服务"的种子。

当孩子们纷纷拿起笔，在一张张纸上写下自己的誓言，决心好好学习，当好新时代社会主义现代化建设的接班人，都会唱出《学习雷锋好榜样》时，我感到很欣慰。

我要认真贯彻习近平总书记的"学雷锋从娃娃抓起"的重要指示精神，一直坚持做下去。

梁洪禹：做永不生锈的螺丝钉

我在学院的三年，是在"三好教育"理念和雷锋精神指引下快速成长的三年。三年时间里，我从一名雷锋班"新兵"成长为雷锋班班长，获得了"劳动青年""雷锋班标兵"等荣誉称号。三年时间里，学院一直教育和激励我们，要像雷锋那样做人做事，干一行，爱一行，专一行，做一颗永不生锈的螺丝钉。2018年5月毕业后，我进入了吉利汽车湘潭制造基地，以一名汽车产业工人的身份，在实际工作中践行"螺丝钉"精神，直到今天。

坚守一线，燃烧自我

我工作后的第一个岗位是涂装车间点焊工。点焊是一份乐趣与无趣并存的工作，在日复一日的工作中，我铆足干劲，付出了十二分的努力，因为我知道，任何工作都要从基础干起，干一行、爱一行，就是要耐得住性子，沉得下心。同时我也意识到，更要专一行、精一行，看似基础的工作中，存在着很大的进步空间。只知道用好双手还不够，还要善于动脑。为此，在认真工作的同时，我抓住每一个学习的机会，向师傅请教，与同事交流，提高自己的技能水平。最终，我熟练掌握了点焊的工艺技术。

之后，我相继转岗储备班组长、过程检验工、质量过程巡检、前处理班班导……期间，我经历了一段两班倒的生活，晚班时，每天晚上7点不到就要到车间，一直干到第二天凌晨，一天涂装800台，尽管很累，但我的工作标准一直没有降低。我下定决心，要充分发扬"螺丝钉"精神，在工作中燃烧自己。

就这样，通过一点一滴的积累，我从一名普通的一线"点焊工"成长为"副班长"。变的是职务，不变的是扎根一线的担当，一路走来，每一次收获都来之不易。感谢公司的栽培，感谢母校的教育，"螺丝钉"精神的滋养与激励，让我的每一个坚守的时刻都值得。

冲锋在前，勇担重任

发扬雷锋精神，不仅要干好个人分内的工作，也要充分发挥模范带头作用，在困难任务面前勇于承担，在需要的时候冲锋在前。

2021年6月，长沙公司人员短缺，6月11日至15日，我和另外17位"小伙伴"一起被派往长沙公司支援，主要负责涂装厂全线生产。经过大家的共同努力，最终圆满完成了任务，期间还在长沙公司度过了一个难忘的端午节。

2021年10月，分色车提产，我再次主动请缨，支援分色班。在此期间，我不仅圆满完成了支援工作，还积极参与班组改善活动，提交了《关于更换路由按键位置提高生产效率的提案》《关于交车平台辊床输送系统改善提高生产效率的提案》等五级提案，减少了行走浪费，保证了现场作业安全，也提高了班组生产效率。

心手相传，共同进步

汽车行业讲悟性，更讲究师徒的"传帮带"，讲究传承有序。这跟传承雷锋精神是相通的。

我的成长就离不开师父的心手相传。师父常给我讲一段话，"汽车涂装是车辆制造的重要工艺流程，不仅关系到车辆的出厂质量，更涉及汽车的使用寿命。所以，从一开始我们就要告诉自己，一定要精益求精"。

这段话，后来我也教给了我的徒弟肖琪。肖琪和我一样来自湖南吉利职院，被安排到我们车间后，或许是因为校友的关系，我们一下子就热络了起来。他勤于动手，善于思考，脑瓜子灵活，会结合实际工作问我一些问题，我当然也乐于解答，知无不言，需要的时候就动手示范……就这样，我们很快形成了师徒关系。

说是师徒，其实亦师亦友。作为师父，要做好师徒的传帮带工作，不能吝啬自己的鼓励，要帮助徒弟多听、多学、多思、多问、多动手，同时也要团结协作、互学互助、互相切磋，这样才能共同发展、共同进步。

2021 年 9 月，肖琪荣获吉利汽车集团第三届"技能新星"大赛一等奖，作为肖琪的指导老师，我也获得了该届大赛"金牌导师"的称号。

简单的事情重复做对，重复的事情用心做好，就是"螺丝钉"精神。作为一名普通的汽车涂装工人，我将勤勉扎实地奋战在生产第一线，用一种不屈不挠的精神，用精益求精和一丝不苟的态度，做一颗永不生锈的螺丝钉，为国家汽车制造业的高质量发展贡献力量。

作者简介：秦召龙，2017 级汽检 4 班学生，第四届雷锋班班长；梁洪禹，2016 级汽检 2 班学生，第三届雷锋班班长。

第八章　精准扶贫

一个都不能少

齐礼

　　2013 年 11 月，习近平总书记在湘西花垣县十八洞村考察时，首次提出了"精准扶贫"，强调扶贫要实事求是，因地制宜。一直以来，湖南吉利职院以习近平总书记的精准扶贫战略为引领，认真开展贫困家庭学生的精准扶贫工作，没有一名学生因为家庭困难原因辍学，真正做到了"一个都不能少"。

从重点关注到全面覆盖

　　自建校开始，职院就高度关注贫困学生的就学情况，资助了一批家庭困难的学生。段向弟是其中比较有代表性的一位。段向弟来自新化农村，母亲长期卧病在床，家庭比较贫困，但她学习成绩不错，高考分数 506 分，是学院当年录取的最高分。学院为高考超过二本分数线的学生发放新生入学奖，满足条件的段向弟获得了6000 元奖金，有效缓解了家里的困难状况，也减轻了自己的求学压力。不幸的是，段向弟读大二时，父亲又因重病住院。得知这一情况后，学院研究决定，退还段向弟全部学费，并特地为她组织了一次募捐活动，还派专人到医院慰问，解决了段向弟的后顾之忧，确保她顺利完成学业。

　　学院这一时期的贫困生资助，以关注重点为主。此后，随着办学规模的持续扩大，学院在读贫困生的数量也一直增加，但"一个都不能少"的宗旨没有变，学院对贫困学生资助的覆盖范围也越来越广。

　　在 2015 年的一次办公会上，袁礼斌校长要求，对全校的贫困学生家庭状况进行核实，"确实贫困的，要想办法帮他们解决困难"，"不能因为没有学费，让学生没有书读"。这次会议是学院学生资助工作的一个节点，带来了两个转变，一是将工作做到了前面，提升了主动性；二是由点及面，从重点关注扩展到全校覆盖。之后，学院组织部分老师与所有的贫困学生进行一对一谈心；并对一些贫困学生进行了家访；老师们积极响应学院倡议，每月自愿从工资里扣除 50 元到 100 元的金额，用于资助在校贫困学生。

一个振奋人心的好消息

学院的贫困生资助工作很快迎来了第二个节点。2016 年春季学期的一天，袁校长临时通知大家开会。会上，校长向大家宣布了一个好消息："以后符合精准扶贫政策的贫困家庭学生，到我们学院读书，学费全免！"

这真是个振奋人心的好消息。学费作为学生就学最大的一项花销，是导致很多困难家庭学生放弃入学或者辍学的直接原因。当时正是招生宣传的关键时期，招生老师到各地开展宣传，常常遇到有学生因为家庭经济问题放弃升学的情况，很是令人惋惜，也给招生工作带来了一些阻力。有了这个政策后，学院的资助工作不仅有了广度，更给足了力度，贫困家庭学生的学费问题迎刃而解，招生宣传工作也顺畅了很多，大家都很开心。

后来我们知道，这是吉利集团为贯彻落实习近平总书记关于精准扶贫工作的重要讲话，落实中央扶贫开发工作会议精神，启动的"吉时雨"精准扶贫项目。项目拿出了大笔资金对贫困学生进行资助帮扶，特别是面向吉利控股集团旗下 5 所院校的建档立卡户学生，出台了学费全免的政策。

有了好政策，更要落实好政策

如何落实这么好的政策？袁校长要求，全校教职员工首先要加深理解，凝聚共识。为此，他身体力行，亲自带队去湖南湘西十八洞村考察，并到花垣县和吉首市一些地方进行走访。通过考察学习，大家进一步理解了什么是精准扶贫，并在调研的基础上制定了学院精准扶贫的实施方案。

根据方案，学院安排老师实地走访了一批应届高中毕业生贫困家庭，一是宣传政策，二是看真贫、扶真贫，三是精准招生，力求将政策落实到具体的家庭和学生。

2016 年暑期，我与唐湘老师开始在花垣等地走访精准扶贫建档立卡家庭。没想到的是，第一户家庭就让我们碰了钉子。由于语言不通，交流不畅，加之"学费全免"确实力度很大，家长和学生都不相信会有这样"天上掉馅饼"的好事。有这样的戒备心可以理解，也恰恰证明了我们宣传到户的必要性。经过我们一番详细解释，他们终于还是明白了这一政策。

走出这户人家的大门，天都已经黑了，当时星光点点，山路崎岖，我们忍着饥饿赶往住处，着实有些心力交瘁。这么好的政策，竟然难以得到理解，我们心里都很难受。之后的几天，我们仍坚持一家一户上门，宣传政策、耐心解释……由于建档立卡家庭之间相隔至少几公里，即使我们全力以赴，一天也只能走访三四个家庭，但功夫不负有心人，最终还是有几名贫困家庭学生选择来学院就读。

花垣走访完成后，我们及时总结了经验，学院老师贸然做家访，由于素未谋面，且语言不通，很难在短时间内获取信任，推进难度很大，需要改变方式方法。我们决定，先对接当地政府，再由他们做具体安排。在祁东、平江等地，我们直接对接了县委县政府，得到了他们的高度重视，在我们走访贫困家庭学生时，教育局领导会陪同我们前往，或先电话通知贫困家庭。之后的走访行程中，我们获得了高度信任，精准扶贫建档立卡政策宣传和招生工作得以顺利开展。

一次走访结束时，已是下午 2 点多。主人将家里仅有的几个鸡蛋煎好，热情地招待我们吃饭。我们请他们一起吃，主人说他们已经吃过了。我们上午 11 点来访，之后他们一直在跟我们交流、商谈、办理手续，怎么可能会吃了饭？几名老师都感到鼻子酸酸的，象征性地吃了几口米饭，就匆匆告辞了。那一刻大家都觉得，如果能够把学院的政策宣传到位，并真正帮助到这些家庭，自己多辛苦一点又算得了什么呢？

在精准扶贫这几年，学院总共帮扶来自永州、祁东、湘西、平江以及江西上饶等地的贫困生近千人，最高峰时学院每 6 个学生中就有 1 个是学杂费全免的建档立卡学生。2020 年全面建成小康社会后，学院还高度关注返贫家庭学生及低保户家庭的孩子，不能因为经济困难，让学生没有书读。

作者简介：齐礼，2011 年 4 月入职，现任校工会副主席，招生办副主任。

关键的一环

范晨晖

我与学院结缘于 2016 年，正是在这一年，李书福董事长亲自挂帅，启动了吉利控股集团"吉时雨"精准扶贫计划。之后的几年，我见证了"吉时雨"计划在学院落地生根、开花结果，资助并培养了一大批贫困家庭学子成长成才。我也非常荣幸地在 2019 年担任了学院"吉时雨"精准扶贫师资培训班教师，为"吉时雨"计划的实施贡献了自己的一份力量。

教育扶贫是阻断返贫与贫困代际传递的根本之策，"吉时雨"计划的重点就是教育扶贫。为了开展好教育扶贫，吉利集团制定了一套完整的实施体系，包括职业教育、硬件设施建设、师资培养、建档立卡贫困生补助各个环节。师资培养是该体系的关键一环。

提起精准扶贫，我们往往重点关注的是"扶持谁""怎么扶"，其实同样重要的，还有"谁来扶"。师资培养，解决的就是"谁来扶"的问题。"吉时雨"计划中的师资培养，目的有二：一是凝聚力量，除吉利集团下属院校以外，联合更多的职业院校，形成合力；二是提升水平，定期开展培训，充分发挥教育扶贫师资主体效能。

湖南吉利职院作为集团举办的职业院校，地处"精准扶贫"首倡地湖南，从 2012 年建校开始，就一直坚持教育扶贫，积累了丰富的经验，同时具备较为完善的实训实践教学条件。根据集团统一安排，学院成为吉利集团精准扶贫之"教育扶贫"基地，主要负责四川、贵州、陕西、山西、河北和湖南等地建档立卡家庭汽车类中高职学生和合作院校汽车类专业技能教师的培训工作。

2017 年 7 月，来自全国 23 所职业院校的 40 名汽车技术类教师参加了第一期的培训。2018 年 8 月，第二期培训如期进行，规模进一步扩大，参加的院校数量增加了 5 所，参加人数增至 58 名。我亲身参与全程的，是 2019 年的第三期培训。

这次培训的参训学员主要有两个部分：一是来自吉利各基地的精准扶贫合作学

院，包括四川、广西、贵州、山西、陕西、河北和湖南等 7 个省 20 多个地区 47 所中高职院校的 54 名汽车类专业教师；二是来自湖南省内本科院校，包括湖南师范大学、湖南农业大学、长沙理工大学等高校汽车类相关专业的建档立卡家庭的 24 名同学。整个培训费用由学校承担，参训人员吃住全部免费。

根据培训计划，培训班全体学员在汽车维护与保养、汽车整车拆装发动机模块、汽车整车拆装底盘模块、整车拆装电器模块、发动机电控、新能源汽车维护与保养等板块展开学习与实操。汽车专业属于实践性非常强的专业，因此整个培训过程以技能实践训练为主，实现真正的理实一体化，从记忆和理解的浅层学习走入应用、分析、评价和创造的深度学习。

在培训过程中，很多来自一本院校汽车专业的学生说，"我们以前在学院没有摸过车，都是纯理论学习。到了这里，通过十几天的实操，学到了很多汽车实践知识。"老师们也纷纷表示，通过这些天的实训学习使得自身理论知识得到了进一步拓展和体系化，通过与老师们的沟通交流快速吸收了前沿的汽车专业知识，通过和学生们的共处，丰富了班级管理的经验……

3 年 3 期，7 个省份，最多的一次有 50 余所院校参加，累计培训 152 名教师，看似简单的一组数字，却是吉利教育扶贫凝心聚力、久久为功的一个注脚。这 100 多名教师在之后的"吉利成才班"等教育扶贫项目中发挥了重要作用，如今已经成为各地汽车职业教育的重要力量。

作者简介：范晨晖，2016 年 11 月入职湖南吉利职院，曾任实训中心教学秘书、人工智能与软件学院教务科科长。

第九章　CFAP模式

你好，潭州书院

许媚

　　湘潭理工学院刚刚成立的时候，袁礼斌校长就在大会上提出学生管理要推行书院制，当时我们对此还没有概念。2021年7月，学院正式推进这件事，并从一年级开始试点，让我来负责。当时我正在中央团校参加培训，得知消息后，既兴奋激动，又有些许紧张和不安。我深深知道：这是对从事了五年学生工作的我的全新挑战，更是对湘潭理工学院的全新挑战，我必须全力以赴，我们必须全力以赴。当时培训还在继续，任务比较重，时间也排得很满，但我铆足了劲，下课后就去查阅相关资料，或是直接向一同培训的其他高校团委书记了解相关情况。

28个活动项目

　　为期一个月的培训一结束，我立马从北京返回湘潭，投入书院的筹备和开学准备之中：从设计书院的文创纪念品，到编印新生学生手册；从分发新生物资，到手写新生书签；从确定工作记录本等印刷品，到准备入学新生大礼包……随着一项项任务的完成，我们15个人的辅导员团队从一开始的守望相助的磨合，到得心应手的配合，再到天衣无缝的契合，书院学生管理团队也越来越默契，一张白纸，被我们霸蛮描绘出了活生生的蓝图。大家对书院第一届新生的到来也越来越充满期待。

　　2021年9月12日，注定是一个激情澎湃的里程碑式的日子。这一天，潭州书院正式官宣成立，袁校长和书院首任院长柳思维教授参加了成立座谈会，并给了我们很多勉励。9月15日，书院首届2514名新生报到；9月19日，新生军训开始；9月22日，中秋游园会；9月29日，迎新晚会；9月30日，新生开学典礼……就这样，将近半个月的高强度工作顺利完成，我们15人的小团队算是通过了第一次大考验，忙完下来，每个人都瘦了近十斤。

　　9月30日下午军训总结大会结束后，我们围坐在操场上，相对无言，那一刻，任何的话都是多余的，每个人脸上的笑容就是最好的表达。每一项活动成功的背后都离不开前期严密的准备，更离不开团队成员的共同努力和相互支持，也离不开泪水和汗水的浸润……大家都是好样的。

也正是从那时候开始，让书院每一位老师都独立主持完成一项活动、登上一次舞台、带领一支学生团队的想法在我心中愈加强烈。国庆长假期间，我们就开始思考分管领域未来一年的活动项目。之后的一个学期，大大小小的活动我们开展了 28 个，每个辅导员都独立主持了其中的 1 个。这不仅锻炼了辅导员的职业能力，也使每一位团队成员明白了协作的重要性。大家开展工作越来越顺利，获得感、归属感日渐增强。在运动会教师组的比赛中，我们拿下了团队项目第一名；在书院的元旦晚会中，大家指导学生积极排练并上台表演，打造了一场视听盛宴，使师生关系更加密切；在农场劳动项目中，大家一起收割菜籽，不喊苦不喊累，以实际行动给学生做榜样；在学生的每一次篮球赛、足球赛、排球赛中，全体辅导员都会到场为学生加油鼓劲；在每一次交流会中，辅导员们都会拿出自己管理班级的"金点子"和"法宝"，相互交流、取长补短、共同进步……

1个艺术研学班

袁校长给潭州书院明确了两个任务：一是学习、研究和传播湖湘文化；二是探索学生管理的书院制模式，让学生找回"吃得苦，耐得烦，霸得蛮"的湖湘精神。研究湖湘文化的任务，由柳教授以及后来的梁小进教授主导完成。我们学工口主要负责书院制管理，即用湖湘文化精神引导、教育学生成长。

从筹备潭州书院时开始，我们就一直在思考，如何才能更好地落实这两个任务。一次偶然的机会，我在图书馆翻阅到关于新亚书院的相关介绍，书中谈到钱穆先生很重视艺术学习，认为学习传统文化是离不开艺术学习的。我的心为之一振，艺术学习正好与我们学习、研究和传播湖湘文化的目标相契合，可以也应该为我们的目标服务。心动不如行动，在"敢想、敢闯、敢干"的湖湘精神激励下，我们立即开始了"艺术研学班"的筹备工作。因为学院所在地湘潭是艺术大师齐白石的家乡，有齐白石艺术研学的资源优势和浓厚氛围，我们决定通过对齐白石成才之路的了解、艺术作品的学习，引导学生探索湖湘艺术，学习湖湘文化，增强对中华优秀传统文化的感知和热爱。

"万事俱备，只欠东风"，接下来就是解决指导老师的问题。人文与艺术学院梁金龙老师是我的师兄，无论是书法、水墨写意还是篆刻，都有扎实的艺术功底，在来校任教前还是一位小有名气签约画家，我第一时间就想到请他来做我们的指导教师。由于是兼职工作，要占用大量的休息时间，我本来担心梁师兄会拒绝，没想到他答应得很是爽快，一拍即合。他的一句话尤其令人感动，"艺术本身就是纯粹的，不应该掺杂一些功利的想法。"我们又请来另外两位老师，布置了一间简洁的画室。2021 年 11 月，潭州书院齐白石艺术研学班就这样在摸索中开班了，令人欣慰的是，第一期研学班就吸纳了七十余名学生参加。

梁师兄对研学班的全情投入让我很是钦佩，学生们的学习热情更是给了我太多感动。师兄的办公室在第三教学楼，研学班的画室在第五教学楼，相隔大半个校区，可师兄风雨无阻，只要没有教学任务就会出现在五教画室。学生们在梁老师的带动、指导下，课余时间基本会在画室切磋琢磨。他们有了新作，或是学了新技能，就会乐得像个孩子，兴冲冲地喊上我前去欣赏。对此，我来者不拒、乐此不疲。来研学班的学生，大多以前没接触过国画，更谈不上基本功了，可一年下来，他们的审美理论课、写意山水、工笔花鸟竟都学得有模有样，第二个学期还成功举办了一场小型成果画展。一件件参展作品虽略显稚嫩，却也是他们艺术素养得以提升的最好证明。

有了第一期的经验，我们对研学班的想法越来越深入，规划越来越细致，研学班运行也越来越成熟。到 2022 年研学班招募时，线上报名的就有 800 余名学生。鉴于教学场地有限，同时为了保证更好的教学和指导效果，我们对报名的学生进行了引导和分流，筛选后仅招募了 300 余名学员。同时，画室吸引了越来越多的青年教师"加盟"，研学班的师资队伍也在不断壮大。

每天运动1小时

2021 年 11 月，袁校长在一次会议上提出，要加强大学生体育健康教育，倡导师生"每天运动一小时"。

潭州书院立即着手准备。团队的老师们在一起充分讨论，提出了各种执行方案，也不免提出了一些困难，比如学生人数太多不好执行；害怕学生需求不一而不愿意参加；担心学生没有动力和积极性；等等。经过多方征求意见，我们还是很快就投入了行动。

万事开头难，尽管执行起来有难度，但每位辅导员还是认真去完成。从每天早上 7：30 的晨练开始，跑步、跳绳、羽毛球、篮球、太极拳、瑜伽……每位老师认领一个运动项目，融入学生，一同参与，每个早晨，各个项目的场地上都是一派热火朝天的景象。

晨练启动的那天，有几个学生来和我说："许老师，我们班有几个学生说起太早了，发了微博吐槽晨练。"下班后，我打开抖音，又看到有学生拍了我们晨练的图片，发了几句牢骚，无疑也是吐槽晨练的。其实，这是我意料之中的事，也正好可以考验一下我们的辅导员。周末的工作例会上，我询问他们对学生吐槽晨练的看法，尽管辅导员们每日也要参加晨练，但没有一个老师抱怨，更多的声音是：正确的事情再难也要坚持！听完团队老师的表态，我信心倍增，这不就是湖湘精神最鲜活的表现吗？这不就是我们开展晨练的意义所在吗？晨练必须坚持下去，也一定能够坚持下去！

天道酬勤，师生们的坚持收获了满满的回报。在书院首届结业典礼上，学生们回忆最多的还是晨练运动有关的珍贵时刻：在书院的运动会庆功会上，全体学生不由自主地呼喊出的"潭州书院最棒"；在 30 公里拉练结束后全班的摇旗呐喊；在篮球赛、足球赛等赛场上胜利的口号……

随着"每天运动一小时"理念的深入人心，书院学生的凝聚力不断增强，身体素质也明显提升，在全校性的各类体育运动赛事中，潭州书院团队都取得了前三的好成绩，各项体育项目组建了训练团队，如今在不同的赛场上都能看到他们活跃的身影。最重要的是，通过运动，学生有了做人的志气、底气、勇气，所谓的荣誉上的"回报"，已经都是次要的了。

"孤举者难起，众行者易趋。"你能飞得有多高，看你的心有多沉；你能飞得有多远，看你与谁同行。潭州书院是个大平台，让我们一批年轻的辅导员团结在一起。一路走来，潭州书院虽不尽善尽美，但充满了活力，我们收获的不仅仅是喜悦、成长、泪水和汗水，更多的是用湖湘精神滋养学生，陪伴学生成长。我们会继续努力，把"潭州书院"打造成湘潭理工学院的名片，让这个响亮的名字诠释新时代的湖湘文化和湖湘精神。

作者简介：许媚，2017 年 8 月入职湖南吉利职院，曾任辅导员、学生处副处长、校团委书记；2019 年 5 月入职湘潭理工学院，任学生处副处长、潭州书院副院长。

一等奖 +2

詹欣　熊朗

全国大学生数学建模竞赛创办于 1992 年，是全国高校参赛规模最大、影响范围最广的基础性学科竞赛。2022 年 10 月 10 日，全国大学生数学建模竞赛湖南赛区获奖结果公布。在建模大赛中，我校学子取得了骄人的成绩，共有 14 支队伍获奖，其中，2 支队伍获一等奖（C 题两组），3 支队伍获二等奖（C 题三组），9 支队伍获三等奖（B 题一组，C 题八组）。黄桂萍、邓科迎两位指导老师荣获"优秀指导教师"称号。学院共组建了 23 支队伍参加数学建模大赛，由黄桂萍、蔡东夫、胡舟等指导教师组成数学建模专项团队，负责参赛人员组织与培训。

艰苦奋斗　蓄势待发

数学建模竞赛是数字科技学院的优势竞赛项目，在 2021 年的参赛组织经验基础上，此次比赛从比赛队员的组成、竞赛训练的模式及导师队伍的选拔等方面不断进行优化，参赛队伍通过数模理论学习、数模实操演练、模型展示分享、比赛心理辅导等环节来强化赛前训练。

为了准备比赛，参赛选手们放弃了安逸的暑假生活，提前一个半月返回学院参加竞赛培训。两个月的时间里，他们秉持着不怕苦、不怕累的精神每天奋战在机房，题海战术、废寝忘食已成为常态。

"百折不挠是我们的参赛口号，永不放弃是我们的人生信条，全力以赴是我们的获胜秘诀。"一等奖获奖团队队员唐源说。他们充分展现了湘理学子顽强拼搏、永不服输的青春风貌。

凝心聚力　同心同德

一等奖获奖团队队员张梓杭对于团队合作感触颇深，他说："数学建模不是个人的比赛，数学建模是团队比赛，每个人都应当各司其职。"临近比赛时，小组成员徐昕钰心里的焦虑不安愈演愈烈，但她仍然能微笑面对："只要一想到我不是一个人作战而是一个团队一起奋战，便又燃起决心，咬牙坚持直至比赛结束。"

在解题过程中，遇到过模型不合适、编程编译困难、论文排版不佳等问题，没有一个人放弃，没有一个人抱怨，而是三个人拧成一股绳，攻坚克难，通过不断地尝试、学习、再尝试、再学习来强化自己。大家也有过争吵与分歧，但是通过三人不断磨合，逐渐培养了充分的默契与信任。坚持与配合是团队取胜的基石。

勤学苦练　再创佳绩

在平时的学习中，参赛选手们特别注重专业知识的学习，同时也注重基础知识的融合。获奖荣耀的背后，是无数个早晚在吉时雨培训中心 214 机房一直亮着的灯光，这灯光，照亮的不只是机房，更是所有同学的梦想和坚持。

数学建模前期，参赛者会通过模仿全国一等奖论文来逐步形成自己的论文风格，并查阅、整理大量资料，以此来进行文献检索能力的训练。数学建模中后期，他们会积极学习、借鉴他人的知识与学习经验并将其吸收，让自己得到更大的提升。

关于模拟赛后，如何让自己得到更大进步，浣朗茜介绍："模拟赛后我们都会进行复盘，总结得失与队友的发挥情况并提出改进意见。"复盘可以为以后的建模规避错误，少走许多弯路。

山重水复罢，终迎硕果归。同去年相比，本次数模竞赛获奖作品的质和量都有了大幅度的提升，这正是湘理参赛选手们认真对待每一次模拟赛，全体指导老师和学生们两个月来共同努力的结果。

数字科技学院院长罗智明教授表示，湘潭理工学院高度重视学生创新创业教育，鼓励学生参加各类学科竞赛。全国大学生数学建模竞赛是一项极富意义的活动，既丰富了学生的课外生活，又培养了学生各方面的能力，同时也促进了大学数学教学的改革，提高了学生的创新实践能力。

作者简介: 詹欣、熊朗，分别为湘潭理工学院人文与艺术学院中文专业 2022 级 2201 班、2020 级 2025 班学生，均为学校新闻中心新青媒成员。

第 18 枚奖牌

陶郡 封芸洁

"老师您好，我们有一位团队成员在训练期间突然受伤，遗憾缺赛了，是否能将这块奖牌送给队员？"经过沟通，我们 17 位同学一起走上了颁奖台，领取了 18 枚奖牌。这第 18 枚奖牌，属于文静同学。

舞蹈让我更加自信

当梁若锦老师将湖南省第十二届大学生运动会的双人舞参赛任务指派给我时，我很激动，同时又很害怕，我是一个很不自信的人，别人的落落大方总是会让我羡慕。"我真的有实力去跳双人舞吗？"我不禁怀疑自己。

这是我第一次接触健身交谊舞，我开始疯狂查找健身交谊舞的视频，和舞伴一起交流，每天晚上睡前我都在想，要怎么做才能不让老师和队友们失望，越想越难以入睡，以至于失眠了很久。后来我明白了，想得再多不如多干一点，于是我和我的舞伴将所有的空余时间都留在了舞房。

正式训练以展演舞为主，我们 18 位队员开始了每天近 12 个小时的高强度训练，我和我的舞伴还要利用仅有的午睡和晚餐时间练习我们的双人舞。一开始的时候，我还是不敢大方地展示自己，弯曲的身体形态，僵硬的表情……但随着训练的深入，大家在一起加快磨合，幸运的是，我们很默契！我对自己的怀疑逐渐消失，开始变得越来越自信。

比赛前的意外

比赛进入倒计时，像往常一样，我们在田径场上为比赛作最后的准备。就在训练进行到尾声的时候，队伍当中突然传出一声尖叫，本该被两名成员高高举起的文静同学不在半空中的预定位置，而是狠狠摔到了地上。

所有人带着没反应过来的思绪和条件反射的身体，奔向文静同学，"怎么样了""没事吧""哪里痛伤到哪里了""还能不能动"……每个人都在询问，但文静同学瘫坐在草地上，强忍泪水，痛得说不出一句话。情况不妙！带队的3位老师和4名学生一起，护送着文静同学赶紧前往医院。一路上，文静同学疼痛难忍，我们也是心如刀割，胆战心惊，尽己所能安抚她的情绪，祈祷情况不要太严重。终于到达医院，随之而来的却是噩耗——手腕骨折。医生将骨头复位时，文静同学疼得发出一声声的嘶吼，大家只能一起紧紧抱着她。梁老师眼泪不止，贺鑫老师也鼻头泛红，转身抹起了眼泪。大家都心疼坏了，也许是第一次遇到队员受伤，也许是因为我们的关系早已经随着训练变得十分亲密，也许是比赛临近，心头的重压突然因为这次意外得到了释放，每个人都很难过。

"她需要静养，无法参加比赛了"，这是大家意料之中的结果，但听到医生说出这句话，所有人的心情还是沉到了谷底。回到学校后，当老师们向其他队员传达这个消息时，大家都深感遗憾，身体是第一位的，但我们可是经过了四十多天如一日的刻苦训练啊！在这最后时刻，文静同学却无法参赛，大家都深深地为她感到惋惜。舞房里，梁老师再次流下了心疼的眼泪，并鼓励其他队员带着文静同学的那一份力量，珍惜自己能够参赛的机会，拧成一股绳，更加坚定地走下去。

第18枚奖牌

比赛如期到来，赛前的加油呐喊让我们暂时忘记了紧张忐忑，但比赛后的腿软提醒着我们刚刚经历了一场大战。赛后我们并没有第一时间关注结果如何，而是拿起旺仔牛奶一起碰杯，庆祝这场战斗的结束。功夫不负有心人，汗水与努力是成正比的，我们的辛苦训练得到了回报，我们胜利了！我们获奖了！是的，我们真的获奖了！我们欢呼着，拥抱着，狂欢着，喜极而泣着。

我们17位同学一起走上了颁奖台。因为之前报名名单里还有文静同学的名字，主办方按照报名的人数准备了18枚奖牌，一一颁奖完毕，颁奖领导手里还握着多出的1块奖牌，我们知道那是文静同学的。

我们不约而同地询问颁奖领导："老师您好，我们有一位团队成员在训练期间突然受伤，遗憾缺赛了，是否能将这块奖牌给她？"颁奖领导十分开明，爽快地答应了我们。最终，文静同学顺利获得了原就应该属于她的这枚奖牌。

奖牌的背后，凝聚的是我们团体的力量，我们不想缺少任何一名成员，我们始终在团结中前进,也在无形中成长。艰难困苦,玉汝于成。对于大部分参赛队员来说,比赛的项目都是从未踏足的领域。这意味着我们必须要花费更多的时间,更多的精力,把一个陌生的项目练得熟悉、练得拿手。其中的艰难只有我们自己知道,我们经历了文静同学因伤无法参加比赛而紧急改队形动作的无奈;曾因为主题不明确而停下进度;也曾因为不理解舞蹈背后的意义而暂停训练梳理整个故事线;赛前得知有更多获奖的可能之后,大家在比赛前一天复盘到凌晨一点;贺老师和梁老师重新更改舞蹈 LED 背景到凌晨三点,不断完善妆容妆发。

热爱的本质是什么?是通过不断尝试和找寻来挖掘天赋。哪怕遍体鳞伤,也要追逐梦想!各花各有各花香,每个人都有自己的花期。即使在追寻热爱的道路上有些坎坷和挫折,但我们的脚步也从未停下……

作者简介:陶郡,湘潭理工学院商学院金融专业 2020 级 2022 班学生;封芸洁,湘潭理工学院人文与艺术学院中文专业 2020 级 2024 班学生。

特稿

大二就被抢光光,这所大学给汽车技能人才培养带来啥启示?

郝文丽

　　一线技能人才严重短缺,年轻人不愿来,中国未来的工匠在哪里? 如何做好职业教育,为汽车产业源源不断输送合格人才?

　　在职业教育领域,有这么一所有农场、有"军营"、有车间的大学,学生在二年级就被车企抢光光,号称"优秀汽车班组长的摇篮"。近日,《中国汽车报》记者采访了这所大学的负责人——湖南吉利汽车职业技术学院院长袁礼斌,他同时也是湘潭理工学院院长。从办校实践出发,袁礼斌谈了自己对于汽车职业教育的看法。

汽车人才培养存在三大问题

　　基于丰富的办学实践和对汽车产业的洞察,袁礼斌指出,眼下汽车行业人才培养的问题有三。

　　从学生角度看,年轻人不爱劳动甚至鄙视劳动,认为"靠干活儿挣钱"是低人一等,很多学院没有纠正学生这种思想观念上的错误认知。

　　从学院角度来说,定位不清。袁礼斌指出,现在各车企最紧缺的是三个层面的汽车人才:一是基础人才,即生产一线的优秀班组长;二是能够带动岗位创新和改造改进的技术工程师;三是高端研发人才,虽然这类人才总体数量不大,但能深刻影响企业和产业的发展方向。三种人才的思维方式、素质要求和培养模式完全不同,不少学院做起教育热火朝天,但冷静下来,却说不清培养的是哪类人才。

　　从师资队伍方面来看,现在的高校变成了相对封闭的"象牙塔",教师忙于写论文、搞课题,很少并且也不愿与企业对接,必然不了解产业、市场对人才需求的变化。

　　袁礼斌特别提到,国内的汽车类教育师资队伍,在错误的道路上已经走得很远,需要尽快调整。一方面,教育理念有偏差,单纯将考试当成教育,把学生困到试卷上,把教师困在课堂上;另一方面,对教师的考评标准单一,看重科研能力而非教学能力、实践能力。他说:"职业教育的教师应该成为产教融合的主角,而不能只是一个'教书先生'。"

职业教育贵在对症下药、因材施教

据介绍,创办于 2012 年的湖南吉利汽车职业技术学院,是由吉利控股集团投资创建,以培养汽车类高技能人才为主的全日制普通高等职业院校。而湘潭理工学院是 2020 年由湖南工商大学北津学院转设而成的独立设置的普通本科学院,汽车类学科专业也是学院的一个发展重点。两所学院差异化定位,都专注于为汽车行业培养人才。

袁礼斌表示,湖南吉利汽车职业技术学院的创办,正是为了能够推动改善和解决汽车行业人才培养的上述三大问题。他回忆,当时最纠结的问题就是办学定位和办学模式。什么才是汽车行业真正需要的人?为此,袁礼斌走访了大量企业进行座谈调研,企业一致表示,需要能吃苦、遵守纪律的高素质技术人才。于是,湖南吉利汽车职业技术学院找到了清晰的定位,即潜心培养生产一线班组长;8 年后,湘潭理工学院的汽车类专业则定位为培养汽车工程师。

在教师队伍打造上,湖南吉利汽车职业技术学院提倡产教融合。在袁礼斌看来,产教融合也分为三个层次。第一层次是学院与企业签订战略合作框架协议,"这通常没有多少实际价值";第二个层次是系部主任经常与企业技术部长、人力资源部部长等中层管理人员交流,了解企业技术创新和人才需求的趋势变化,进而随之改变教学模式和教学内容,"能做到这一步已经不简单了,国内 80% 以上的高校做不到";第三个层次是教师与企业技术骨干有经常性的深入交流,"教师去企业车间就像回家一样",这能对人才培养产生实质性的促进作用。

"深入沟通才能让我们及时发现问题。"袁礼斌介绍,该校培养出的学生优点在于能在一线"待得住",但最近与企业沟通得到反馈,有企业想提拔学生做管理层,一些学生却表现得积极性不高,"所以学院下一步会增加对学生管理素质的培养训练"。

"如果不解决学生对劳动的偏见,职业教育就是空谈。"袁礼斌说。在学生培养方面,他认为,现在的课程设置中教育理论课太多,太重视考试,学生动手实践课太少。学院的做法是，通过"开心农场"和"义工劳动"项目，培养学生对劳动的兴趣，再通过"雷锋班"培养起学生的坚毅品格和工匠精神。这种培养方式卓有成效，袁礼斌透露，该校的毕业生很受企业欢迎，尤其是"雷锋班"的学生常被企业一抢而空。

人才培养 立德树人当是首位

"技术不好，只要肯学，一段时间内都可以培养成才，但人品、习惯需要多年才能养成。如果品格和习惯不好，如不守时、不自律、不能吃苦等，则难以委以重任。"这是袁礼斌走访企业听到的车企用人最真实的声音。因此他认为："高校一定要把立德树人放在首位，这是社会发展的需要，也是教育的初心，更是人才培养的基础。职业教育学院必须能真刀真枪地解决企业对人才品德、技能、身体素质上的要求。"

总结湖南吉利汽车职业技术学院在十余年发展中探索出的具有借鉴意义的体系方法，袁礼斌认为，最成功的当属好品格、好习惯、好技能的"三好教育"理念，学院将立德树人作为大学生培养的首要内容，通过理想信念教育、雷锋精神教育、奋斗者精神和工匠精神教育、劳动教育和创新教育等，培养了学生扎根一线、投身实业、报效国家的品格。

他介绍，2014年学院开辟出一块土地作为农场，开始时只有少部分同学愿意参与，后来当亲手种植的蔬菜获得丰收，彼此互相分享、赠送给老师时，学生们慢慢体会到劳动的幸福和甜蜜，"开心农场"开始广受欢迎，现在全校上下已经形成了浓厚的劳动氛围。

在袁礼斌提出成立"雷锋班"之初，"连学院老师都不赞同"。他组织老师参观雷锋博物馆，组织学生学习雷锋、参与社会公益活动。渐渐地，自愿加入的学生越来越多，雷锋在学院成为标杆，以感恩与奉献为代表的雷锋精神成为学生们普遍认同的价值观，雷锋班也成了学院的一块"金字招牌"，成为最受车企欢迎的人才。

其次是产教融合，这是职业教育的关键。针对冲压、焊接、涂装和总装等实操性强的课程，学院会组织学生到汽车生产基地，由企业导师指导完成，"车间即课堂"，或者由企业委派工程师来学院授课，校企"双主体"的教育模式，真正实现校企无缝衔接。

另一个在业内颇受好评的模式是"淡旺季合作"。汽车生产通常是4月后进入淡季，9月后进入旺季，淡旺季用工量变化很大，如果满配工人，则淡季的用工支出会成为一笔不小的成本。湖南吉利汽车职业技术学院创新性地与企业达成合作，在旺季安排学生进入工厂实习，既能让学生学到真技能、得到真锻炼，也解决了企业的用工困境；淡季则邀请企业工程师到校授课，多年实践下来，校企双方都颇为受益。

新工科培养模式下　技术教育的变与不变

"新四化"浪潮汹涌而来，汽车业步入百年未有之大变局。袁礼斌判断，未来汽车行业的发展可以归结为两个层面：一是电动化，这是响应国家"双碳"目标的必然选择，也是全球化的大趋势；二是以智能化、网联化、共享化为代表的对汽车消费体验的追求。

在此趋势下，袁礼斌认为，学院的人才培养有"变"也有"不变"，即对工匠精神和品格培养的执着不变；但学科内容会根据技术和市场需求而变。具体而言，与网络通信技术相关的大数据、智能网联、工业互联网、工业机器人，以及与电动化相关的新能源技术、动力电池回收等相关内容将会成为接下来的教学重点。

据了解，按照汽车产业链进行学科布局，湖南吉利汽车职业技术学院目前形成了汽车制造工程系、汽车运用技术系、自动化工程系、新能源汽车系、汽车商务系等五个系共18个专业。但随着时代发展，袁礼斌表示学院的课程设置在不断更新。

袁礼斌特别提到了用车体验的问题。随着智能网联、自动驾驶的兴起，国内消费者对用车体验的重视已经非常明显，甚至已经超越欧美发达国家。这不仅是技术层面的问题，更是社会问题和消费问题，所以未来的汽车工程师不能闭门造车，一心只扑在技术上，而要更加重视对市场、对用户、对消费趋势的分析。因此，湘潭理工学院正在推进"新工科"培养模式，把市场、顾客和流行趋势研究列入汽车工程师培养的重要内容。

"新四化"催生造车新势力横空出世，汽车行业全球化竞争加剧，竞争态势也出现变化，从产业链的整体竞争转向细分环节的竞争。未来没有任何一个国家、一家企业能在整个汽车产业链保持强大优势，但会在产业链中的某一环节保持强大的竞争力，比如设计、制造、软件、供应链、用户体验等。

袁礼斌介绍，接下来，湘潭理工学院将按照"新工科"的要求，坚持产教融合模式，面向未来产业发展，紧盯产业龙头，将智能制造、工业软件、工业互联网、大数据、物联网、供应链管理等作为重点培养方向，努力打造智能制造人才培养高地。

中国正在走向智能制造大国，这是国家战略。无论是汽车技工、车间班组长还是工程师，他们毕业后都将活跃在全国汽车行业，从一线出发搞技改、做工匠、抓效益、保质量，他们是中国实现制造业强国的希望。袁礼斌认为，中国要成为世界汽车强国，必须从最基础的汽车人才培养抓起，从职业教育、工程师教育抓起，要成为汽车人才培养的强国！

本文发表于 2021 年 8 月 18 日《中国汽车报》微信公众号，内容有删改。

大事记（2008—2021）

■2008 年 12 月 28 日

　　铭泰集团[1]与湘潭市人民政府、九华经济技术开发区正式签订投资办学协议，在湘潭建设一所本科院校和一所高职院校，全面服务汽车产业升级和社会经济发展。

图为签约仪式现场，前排座席左一为吉利集团董事长李书福，中间为时任湘潭市委常委、副市长周放良

■2009 年 5 月 16 日

　　湘潭市人民政府、铭泰集团、湖南大学签订协议，在湘潭九华经济技术开发区成立一所独立学院。

[1] 铭泰集团全称为湖南铭泰教育投资发展有限公司，是吉利控股集团子公司。

图为出席签约仪式的领导和嘉宾合影

■2010 年 8 月 11 日

　　湖南大学湘江学院（暂名）一期场平正式开工，拉开了学校建设的序幕。

图为开工仪式现场，袁礼斌校长主持仪式并讲话

■2011 年 6 月 23 日

　　湖南吉利汽车职业技术学院获得湖南省人民政府批复，正式成立。

图为湖南省人民政府关于设立湖南吉利汽车职业技术学院的批复文件

■2012 年 4 月 23 日

　　湖南省教育厅原厅长张放平一行来湖南吉利汽车职业技术学院调研。

图中前排右三为湖南省教育厅原厅长张放平

■2012 年 8 月 25 日

　　湖南吉利汽车部件有限公司总经理刘向阳、院长袁礼斌为湖南吉利汽车职业技术学院揭牌。当天，首届新生入校报到。

图为揭牌仪式现场，左起第五位为湖南吉利汽车部件有限公司总经理刘向阳

■2012年9月3日

　　吉利控股集团董事长李书福来湖南吉利汽车职业技术学院为师生开讲"开学第一课"，课程主题是"做人之道"。他说，吉利正处在转型升级的重要历史关头，如何更好地适应汽车行业的特点、更好地发展，重点是要在人才培养战略上下功夫。院长袁礼斌主持，吉利控股集团副总裁魏梅、公关总监杨学良、董事局办公室主任潘雷方等出席活动。

图为李书福董事长为师生讲"开学第一课"

■2014年11月27日

　　湖南吉利汽车职业技术学院第一期"开心农场"启动，共划分出48块土地，由老师和同学自己认领、种植、打理和收获，利用闲暇时间到田园中亲自种上喜欢的农作物，憧憬在丰收的季节满载喜悦。

图为学院师生在"开心农场"劳动

■2015年6月1日

　　袁礼斌院长应邀参加国务院深化职业教育改革创新座谈会，介绍了湖南吉利汽车职业技术学院产教融合和劳动教育等办学情况。

图为袁礼斌院长参加国务院深化职业教育改革创新座谈会，图片来源于央视当日新闻报道播出画面

■2015年9月25日

　　正值孔子诞辰2566周年纪念日，湖南吉利汽车职业技术学院召开践行"雷锋精神"座谈会，以"雷锋精神"弘扬中华优秀传统文化新风尚，厚植社会主义核心价值观。会议决定成立"雷锋班"。如今，"雷锋班"已成为学院闪亮的名片。

图为"雷锋班"在湘江边开展"湘江环保行"志愿者活动

■2016 年 3 月 18 日

湖南吉利汽车职业技术学院与上海交通大学签署战略协议。根据协议，上海交通大学支持学院打造国内一流的汽车职业教育平台，提供师资资源、实验实训资源及有关的国际汽车职业教育资源，联合开展项目合作。

图为签约仪式现场，前排左一为上海交通大学校长助理、汽车工程研究院院长许敏教授

■2017 年 4 月 21 日

北京大学原党委书记朱善璐来学院就民办教育和职业教育发展问题进行调研。

图中右二为北京大学原党委书记朱善璐

■2017 年 8 月 20 日

　　"融合·匠心·共赢"吉利汽车 2017 校企合作峰会暨首届工匠文化节在杭州湾新区隆重举行，湖南吉利汽车职业技术学院实训中心教师刘玄、2015 级汽检 3 班陈卓和 2015 级汽电班任多前一路过关斩将，分别夺得教师组第一名，学生组第一、二名，并获得"吉利集团技能标兵"荣誉称号。

图为获奖者在表彰大会上合影留念

■2017 年 12 月 24 日

　　李书福董事长来湖南吉利汽车职业技术学院慰问师生，看望建档立卡同学和雷锋班同学，并做了"贫困和挫折是人生宝贵的财富"的即兴演讲，鼓励大家迎接挑战。

图为李书福董事长演讲照片

■2018 年 1 月 26 日

在湖南省委省政府的大力支持下，湖南商学院和吉利集团决定共同举办湖南商学院北津学院。湖南省教育厅时任副厅长夏智伦出席签约仪式。

图为签约仪式现场，左四为湖南省教育厅时任副厅长夏智伦

■2018 年 3 月 13 日

吉利集团与永州市政府联合推出精准扶贫"千人计划"，由湖南吉利汽车职业技术学院负责实施，由此校地结伴扶贫工作全面推开。学院按照吉利集团的统一部署，先后与花垣、平江、祁东等地结对开展精准扶贫。

图为袁礼斌校长代表湖南吉利汽车职业技术学院向祁东职业中专捐赠设备

■2018 年 9 月 13 日

　　湖南商学院北津学院新校区项目正式开工，新校区与湖南吉利汽车职业技术学院相邻。

图为湖南商学院北津学院新校区项目奠基仪式现场

■2018 年 11 月 15 日

　　时任湖南省教育厅党组书记、厅长，省委教育工委书记蒋昌忠来湖南吉利汽车职业技术学院考察调研，实地参观了校园，考察了汽车实训中心、汽车制造四大工艺培训道场，听取了学院工作汇报，对吉利产教融合的办学模式、劳动教育和雷锋班给予了高度评价，表示支持学校办成全国一流汽车类高职院校。

图为蒋昌忠在听取学院工作汇报后发表讲话

■2020 年 6 月 30 日

经教育部批准，湖南工商大学北津学院转设为独立设置的普通本科学校并更名为湘潭理工学院，性质为民办非营利普通高校，这是湖南省第一家完成独立学院转设的高校，也是吉利集团在湖南举办的第二所高校。

图为湘潭理工学院总体规划图

■2020 年 10 月 26 日

湘潭理工学院举行揭牌仪式暨 2020 级新生开学典礼。在庆典的"高光时刻"，学校校长、教师代表、学生代表和家长代表等共同为湘潭理工学院揭牌。

图为湘潭理工学院揭牌仪式暨 2020 级新生开学典礼现场